小学3年生

作文・表《ひょう》現《げん》にぐーんと強くなる

学習指導要領対応

JN008467

KUMON

この本の使《つか》い方

- 問題《もんだい》を始《はじ》める前に、まとめコーナーを読みましょう。
- かんまつの「**別冊解答例**《べっさつかいとうれい》」は、取《と》り外《はず》して使《つか》います。
- 書き方にまよったときは、作文のお手本とかいせつをよく読みましょう。

もくじ

1 自分のすきなことをしょうかいする① …… 4
2 自分のすきなことをしょうかいする② …… 6
3 友だちをしょうかいする① …… 8

19 見学したことを書く④ …… 40
20 今、取《と》り組《く》んでいることを書く① …… 42
21 今、取り組んでいることを書く② …… 44
22 もっと勉強《べんきょう》、研究《けんきゅう》したいことを書く① …… 46
23 もっと勉強、研究したいことを書く② …… 48
24 動植物《どうしょくぶつ》を世話《せわ》したことを書く① …… 50
25 動植物を世話したことを書く② …… 52
26 自由《じゆう》研究を発表《はっぴょう》する原こうを書く① …… 54
27 自由研究を発表する原こうを書く② …… 56
28 体験《たいけん》したことを書く① …… 58
29 体験したことを書く② …… 60
30 地いきの活動《かつどう》について書く① …… 62
31 地いきの活動について書く② …… 64
32 かんさつしたことを文章《ぶんしょう》に書く① …… 66
33 かんさつしたことを文章に書く② …… 68

4 友だちをしょうかいする② …… 10
5 学校や町をしょうかいする① …… 12
6 学校や町をしょうかいする② …… 14
7 本をしょうかいする① …… 16
8 本をしょうかいする② …… 18
9 読書感想《かんそう》文を書く① …… 20
10 読書感想文を書く② …… 22
11 読書感想文を書く③ …… 24
12 読書感想文を書く④ …… 26
13 学校生活や行事《ぎょうじ》を書く① …… 28
14 学校生活や行事を書く② …… 30
15 学校生活や行事を書く③ …… 32
16 見学したことを書く① …… 34
17 見学したことを書く② …… 36
18 見学したことを書く③ …… 38

34 調《しら》べたことをほうこくする① …… 70
35 調べたことをほうこくする② …… 72
36 ポスターを作る① …… 74
37 ポスターを作る② …… 76
38 しょう待《たい》する手紙を書く …… 78
39 お礼《れい》の手紙を書く …… 80
40 暑中《しょちゅう》見まいや年《ねん》がじょうを書く …… 82
41 手紙やはがきのあて名を書く …… 84
42 詩《し》を作る① …… 86
43 詩を作る② …… 88
44 物語《ものがたり》を作る① …… 90
45 物語を作る② …… 92
46 物語を作る③ …… 94
原こう用紙の使い方 …… 96

1 自分のすきなことをしょうかいする①

自分のすきなことをしょうかいする文章《ぶんしょう》の書き方

① 自分がすきなことを考えよう。

れい
スポーツ…ドッジボール・野球《やきゅう》・サッカー・バドミントン・水泳《すいえい》・りく上・バレーボール・ダンス　など
音楽…ピアノ・エレクトーン・オルガンなどのえんそう・歌を歌うこと・音楽かんしょう　など
遊《あそ》び…なわとび・テレビゲーム・カードゲーム　など
そのほか…絵をかく・工作をする・本やまん画を読む・えい画やアニメを見る・スポーツかんせん・遊園地《ゆうえんち》、動物園《どうぶつえん》、はく物館《ぶつかん》に行く　など

② すきな理由《りゆう》を考えよう。

れい
スポーツ…勝《か》った時のうれしさ。体を動《うご》かす楽しみ。
音楽…すきな曲《きょく》が歌える。えんそうできる。
読書やえい画かんしょう…作品《さくひん》のおもしろさを話せる。　など

楽しみにしていることを思いうかべて、紙にどんどん書き出そう！

① みんなが、自分のすきなことをしています。絵の中から、あなたもすきなことがあったら、○でかこみましょう。

○は、いくつつけてもいいよ。

おにごっこ
ダンス
なわとび
サッカー
歌うこと
ゲーム
読書
おしゃべり
ひるね

2 **1**（4ページ）の中から、あなたもすきなことを一つえらんで書きましょう。**1**のほかに、あなたがもっとすきなことがあれば、それを書きましょう。

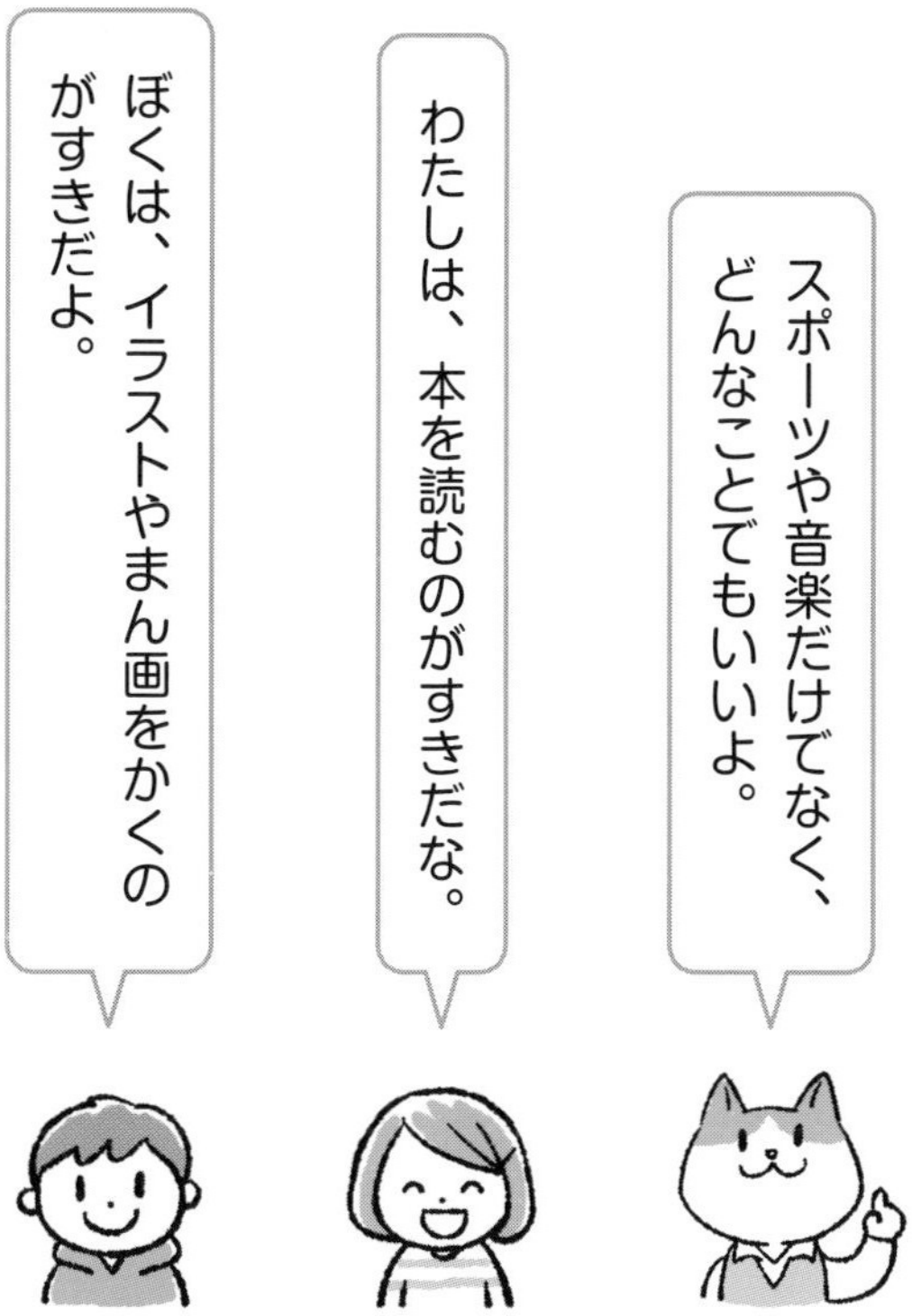

3 **2**で書いたことがすきな理由を、次《つぎ》からえらんで、○をつけましょう。

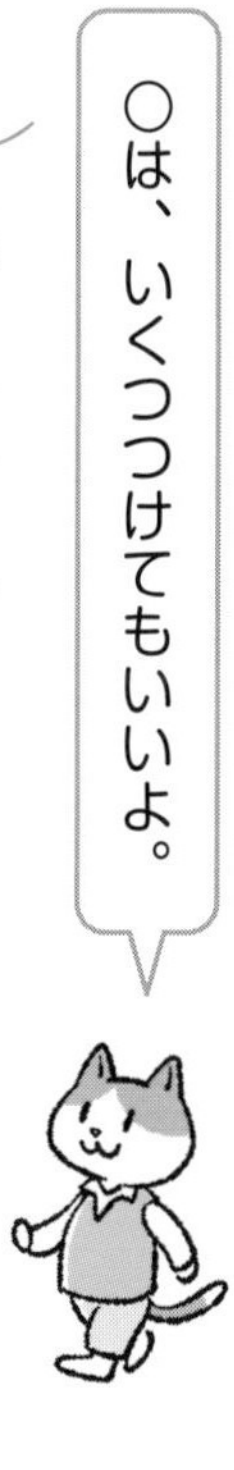

ア（　）楽しいから。
イ（　）おもしろいから。
ウ（　）しあいに勝つと、うれしいから。
エ（　）上手《じょうず》にできると、気持《きも》ちいいから。
オ（　）みんなにほめられたいから。

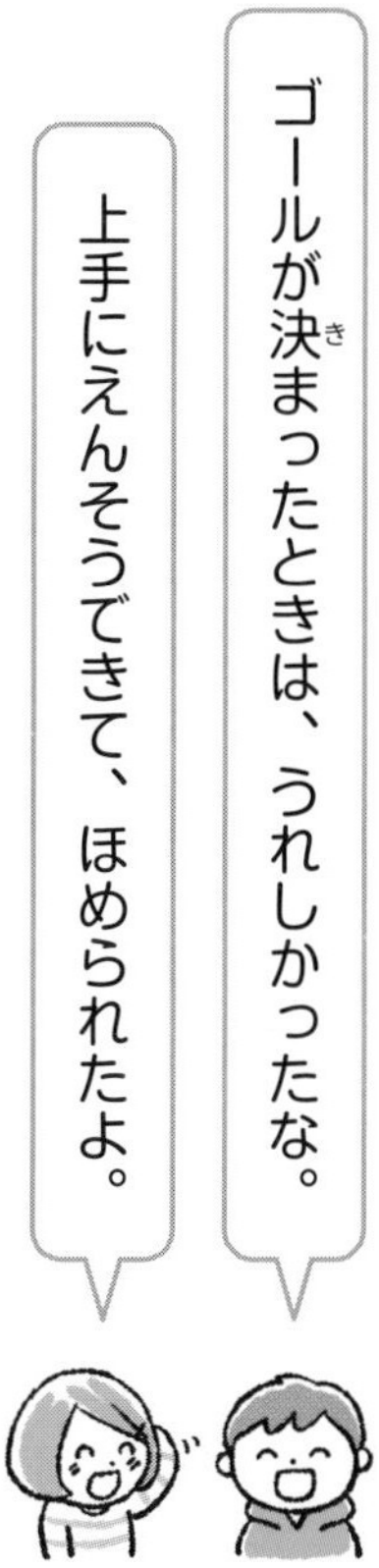

＊ア〜オにあてはまらない理由があれば、ここに書きましょう。

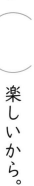

2 自分のすきなことをしょうかいする ②

① あなたがすきなことを書きましょう。

1回目(4・5ページ)で書いたことでもいいよ。

れい ・野球《やきゅう》をすること。

② ①の理由《りゆう》を書きましょう。

理由を書く文の終《お》わりは、「〜から。」と書こう。

れい ・しあいに勝《か》つと、うれしいから。

③ ①で書いたことのほかに、すきなことを書きましょう。

思いついたことを書いてみよう。遊《あそ》びでも勉強《べんきょう》でも、なんでもいいよ。

④ ③で書いたことがすきな理由を書きましょう。

理由はいくつ書いてもいいよ。

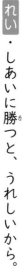

5 **1**～**4**の内ようをもとに、あなたがすきなことと、その理由を二つ書きましょう。うすい字はなぞりましょう。

すきなこと

すきな理由

▼どちらかを◯でかこもう。

（ぼく・わたし）は、

（　　　　　　）がすきです。

（　　　　　　　　　　）からです。

▼どちらかを◯でかこもう。

（ぼく・わたし）は、

（　　　　　　）がすきです。

（　　　　　　　　　　）からです。

理由を書くときには、「なぜなら、」や「なぜかというと、」という言葉《ことば》を使《つか》ってみよう。

3 友だちをしょうかいする①

友だちをしょうかいする文章《ぶんしょう》の書き方

あなたの友だちのいいところやすきなところをしょうかいする文章を書きます。

① まず、あなたがすきだと思う、友だちのいいところを考えて、メモに書き出してみよう。

② 次《つぎ》に、しょうかいしたい理由《りゆう》を考えて、メモに書きくわえよう。メモをもとに文章を書こう。

れい

- しょうかいしたい人
  はるとさん
- いいところ
  ダンスが上手《じょうず》なところ。
- しょうかいしたい理由
  - 毎日練習《れんしゅう》をかかさない。
  - 一生けん命《めい》取《と》り組《く》んでいる。
  - おどっているとき、キラキラして見える。

① あなたの友だちを思いうかべて、どんないいところがあるか、あてはまるものを○でかこみましょう。

○は、いくつつけてもいいよ。

運動《うんどう》にうちこんでいる。
勉強《べんきょう》をがんばっている。
字がていねい。
いっしょにふざけ合える。
絵をかくのが上手。
話がおもしろい。
ものしりだ。
歌や楽きがとくい。
えがおがすてきだ。

＊ ① のほかに、もっといいところがあれば書きましょう。

2 **1**をしょうかいしたい理由としてあてはまるものをえらんで○をつけましょう。

ア（　　）一生けん命取り組んでいるから。
イ（　　）取り組んでいるすがたがすてきだから。
ウ（　　）自分が知らないことを教えてくれるから。
エ（　　）むずかしいことにちょうせんしているから。
オ（　　）いっしょにいると楽しいから。
カ（　　）うれしい気《き》持《も》ちになれるから。

＊ア～カのほかに理由があれば、ここに書きましょう。

その友だちといっしょにすごすようになったのはどうしてか、思い出してみよう。

3 あなたの友だちを思いうかべて、〈メモ〉を書きましょう。

〈メモ〉

・しょうかいしたい人

・いいところ

・しょうかいしたい理由

・あきなさん
・話がおもしろいところ。
・いっしょにいて楽しいから。

・あさひさん
・サッカーをがんばっているところ。
・どカでレギュラーを勝《か》ち取《と》ったから。

・ともきさん
・ゲームがとくいなところ。
・遊《あそ》び方《かた》を教えてくれるから。

・りこさん
・動物《どうぶつ》にくわしいところ。
・学校でかっているうさぎを大事《だいじ》に世話《せわ》しているから。

4 友だちをしょうかいする②

❶ 9ページの❸で書いた〈メモ〉をもとに、友だちの名前と、あなたがすきないいところを書きましょう。

さん

れい ・係《かかり》の仕事《しごと》をがんばっているところ。

❷ ❶の理由《りゆう》を書きましょう。

文の終《お》わりは、「〜から。」と書こう。

れい ・みんなのお手本になっていると思うから。

❸ ❶とはべつの友だちを思いうかべて、名前と、あなたがすきないいところを書きましょう。

さん

❹ ❸の理由を書きましょう。

しょうかいしたい理由は、いくつ書いてもいいよ。

5 あなたの友だちを二人思いうかべて、あなたがすきないいところとその理由を、それぞれ考えて書きましょう。うすい字はなぞりましょう。

・友だちのすきなところ
・いいなと思うところ

理由

▼どちらかを◯でかこもう。

（ぼく・わたし）は、（　　　）さんの（　　　）がすきです。

〔　　　　　　　　　　からです。〕

▼どちらかを◯でかこもう。

（ぼく・わたし）は、（　　　）さんの（　　　）がすきです。

〔　　　　　　　　　　からです。〕

「なぜなら、～からです。」や「なぜかというと、～からです。」という言い方を使《つか》うよ。

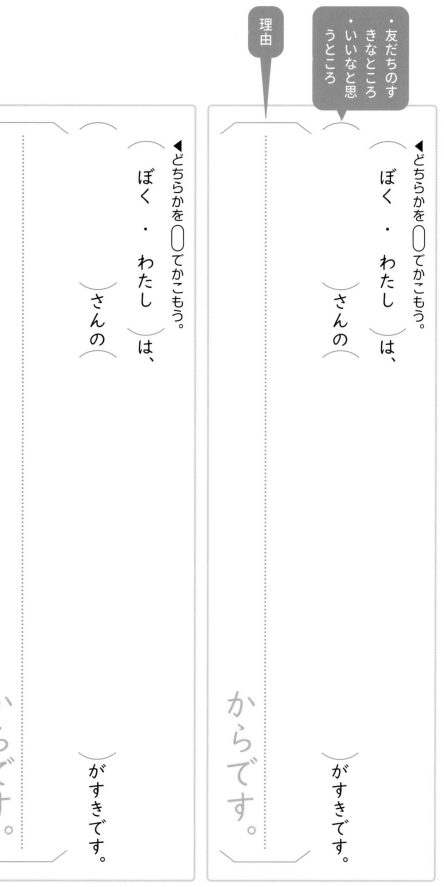

5 学校や町をしょうかいする①

学校や町をしょうかいする文章《ぶんしょう》の書き方

学校や町の自まんできるところをカードに書き出して、カードを見ながら、しょうかいする文章を書きます。

① 学校のすきなところ、自まんできるところを考えて、思いついたことをカードに書き出そう。

② 次《つぎ》に、しょうかいしたい理由《りゆう》を考えて、書きくわえよう。

れい

・花だんがきれい。 ・クラスごとに、世話《せわ》をしているから。	・中庭《なかにわ》に池がある。 ・こいや虫など生《い》き物《もの》がたくさんいるから。
・ゆかがピカピカ。 ・そうじをていねいにしているから。	・きゅう食がおいしい。 ・きゅう食室で作るので、作りたてが食べられるから。

① ゆいさんが、自分の学校のすきなところ、自まんできるところを書き出しました。あなたの学校にもあてはまるものがあったら、〇でかこみましょう。

・校しゃが新しい。
・町でいちばん古い学校だ。
・グラウンドが広い。
・プールがある。
・さくらの木がある。
・トイレがきれい。
・図書館《としょかん》が広い。
・学校の畑《はたけ》がある。
・お祭《まつ》りがある。
・読み聞かせ会がある。
・せいそう活動《かつどう》がさかん。
・音楽発表会《はっぴょうかい》がある。
・春(秋)の遠足がある。
・運動会《うんどうかい》がある。

*①のほかに、もっといいところや自まんできることがあれば、それを書きましょう。

❷ ❶をしょうかいしたい理由として、あてはまるものをえらんで、○をつけましょう。

ア（　）じゅ業《ぎょう》や部活動《ぶかつどう》などに使《つか》えてべんりだから。

イ（　）学校に通うことがうれしくなるから。

ウ（　）いろいろなスポーツや遊《あそ》びができるから。

エ（　）野さいや花などを育《そだ》てることができるから。

オ（　）地いきの人たちとふれ合うことができるから。

カ（　）がんばってきたことを家族《かぞく》に見てもらえるから。

キ（　）友だちといっしょに取《と》り組《く》めて楽しいから。

＊ア〜キのほかに理由があれば、ここに書きましょう。

❸ あなたの学校を思いうかべて、〈カード〉に書き出しましょう。

〈ゆいさんのカード〉

・すきなところ・自まんできるところ

社会科の前田《まえだ》先生のお話がおもしろいこと。

・しょうかいしたい理由

地図記号《きごう》についてもっと知りたくなったから。

〈カード〉

・すきなところ・自まんできるところ

・しょうかいしたい理由

6 学校や町をしょうかいする②

❶ みんなが、自分の町のすきなところ、自まんできるところとその理由《りゆう》をカードに書き出しました。あなたの町にもあてはまるものがあったら、○でかこみましょう。

○は、いくつつけてもいいよ。

・近くに山や海、川があること。
・ゆたかな自《し》ぜんの中で遊《あそ》ぶことができるから。

・公園や図書館《としょかん》などのしせつがあるところ。
・町の人のいこいの場所《ばしょ》だから。

・大きなお祭《まつ》りがあるところ。
・ほかの町からもたくさんの人が見に来るから。

・ショッピングセンターがあること。
・ひつようなものや、ほしいものが全部《ぜんぶ》買えるから。

・さくらのなみ木があること。
・毎年春にさくらのトンネルができてきれいだから。

・農業《のうぎょう》がさかんなところ。
・おいしい野さいやくだものを食べることができるから。

---

❷ あなたが住《す》んでいる町のすきなところ、自まんできるところとその理由を二つ考えて、〈カード〉に書き出しましょう。

〈カード〉

・すきなところ・自まんできるところ
・しょうかいしたい理由

・すきなところ・自まんできるところ
・しょうかいしたい理由

❸ ❷のカードをもとに、あなたの町のすきなところ、自まんできるところとその理由を二つ書きましょう。うすい字はなぞりましょう。

▼どちらかを◯でかこもう。

（ぼく・わたし）は、住んでいる町の

（　　　　）が気に入っています。

〔　　　　〕です。

▼どちらかを◯でかこもう。

（ぼく・わたし）の住む町では、

（　　　　）が気に入っています。

〔　　　　〕です。

「なぜなら、～からです。」「なぜかというと、～からです。」という言い方を使《つか》うよ。

7 本をしょうかいする①

読書記ろくの書き方

これまでに読んだ本を、友だちにしょうかいします。

① 読んだ本の記ろくをつけておこう。

読み終《お》わった日	四月十五日
本の題名《だいめい》	100円たんけん
書いた人	中川《なかがわ》　ひろたか　文／岡本《おかもと》　よしろう　絵
感《かん》じたこと	百円で全部《ぜんぶ》買えるものと、ほんの少ししか買えないものがある。お金のかちを考えさせられた。百円を大事《だいじ》に使《つか》いたいと思った。

『100円たんけん』中川ひろたか文、岡本よしろう絵（くもん出版《しゅっぱん》）

いつ、どんな本を読んで、何を感じたのか、何がおもしろかったのかを記ろくしよう。

② 読書記ろくをつけておいて、しょうかい文や感《かん》想文《そうぶん》を書くときに読み返《かえ》そう。

---

① これまでに読んだ本で、おもしろかったと思う本の題名と、書いた人を表《ひょう》にまとめて書き出してみよう。

番号《ばんごう》	本の題名	書いた人
1		
2		
3		
4		
5		

絵本や物語《ものがたり》，図かんなど，どんな本があったかを，本だなを見てさがしてみよう。

2 これまでに読んだ物語の本で、おもしろいと感じた本を読書記ろくに書きましょう。

わたしは「スイミー」が、おもしろかったよ。

本の題名	スイミー　小さなかしこいさかなのはなし
書いた人	レオ＝レオニ　作／谷川《たにかわ》　俊太郎《しゅんたろう》　訳《やく》
登場人物《とうじょうじんぶつ》	・スイミー→小さな魚。体が真《ま》っ黒《くろ》。 ・きょうだいたち→スイミーの兄弟。体が赤い。 ・おなかをすかせたおそろしいまぐろ　など
感じたこと	スイミーが、ちえをしぼってなかまの小さな赤い魚たちを守《まも》ったことが、かっこよかった。

『スイミー　小さなかしこいさかなのはなし』レオ＝レオニ作、谷川俊太郎訳（好学社《こうがくしゃ》）

本の題名	
書いた人	
登場人物	
感じたこと	

3 これまでに読んだせつ明文や、科学読み物の本で、おもしろいと感じた本を読書記ろくに書きましょう。

ぼくは光るいきものの本を読んだよ。

本の題名	光るいきもの　キノコ
書いた人	大場《おおば》　裕一《ゆういち》　著《ちょ》／宮武《みやたけ》　健仁《たけひと》　写真《しゃしん》
どんな内よう	日本で見つかっている光るキノコをしょうかいしている。昼間のようすと夜光るようすを、たくさんの写真で見ることができる。
感じたこと	光るキノコがとてもきれい。なぜ光るのか、今後の研究《けんきゅう》で明らかになるのが楽しみだ。

『光るいきもの　キノコ』大場裕一著、宮武健仁写真（くもん出版）

本の題名	
書いた人	
どんな内よう	
感じたこと	

8 本をしょうかいする②

本をしょうかいするポップの書き方

書店に行くと、本をせんでんしたり、しょうかいしたりするための「ポップ」というものがあります。

「ポップ」とは、その本を読んでみたくなるように、本の内ようや心にのこったことなどが、短《みじか》い言葉《ことば》で書かれているカードのことだよ。

「ポップ」には何を書いたらいいのかな?

ポップの作り方

① おすすめしたい本の
- 題名《だいめい》(書名)
- 書いた人(作者《さくしゃ》・筆者《ひっしゃ》・画家など)

を書く。

② 本を読んで、人にすすめたいと思った理由《りゆう》を書く。
- すきなところ
- おどろいたところ
- はじめて知ったこと
- おもしろかったところ

などを書く。

カードにまとめるために、②の内ようは、ポイントをしぼって書くよ!

❶ あなたが17ページの❷、または❸に書いた本について、すすめたい理由を〈表《ひょう》〉にまとめましょう。

〈ゆいさんの表〉

いちばん心にのこったところ、おもしろかったところ/内よう	つたえたい理由
スイミーが、小さな赤い魚たちといっしょに泳《およ》いで、大きな魚をおいだしたところ。	一ぴきだけ黒いスイミーが、ちえをしぼって、なかまを守《まも》るところがかっこいいから。

〈表〉

いちばん心にのこったところ、おもしろかったところ/内よう	つたえたい理由

はるとさんが作ったポップを見て、どんなことが書かれているか見てみよう。

〈はるとさんのポップ〉

目をひくように，絵をかいたり，色をぬったりしてもいいね。

本の題名

本の作者

「光るいきもの　キノコ」

大場《おおば》　裕一《ゆういち》　著《ちょ》／宮武《みやたけ》　健仁《たけひと》　写真《しゃしん》

ポップに，読む人をひきつけるキャッチコピーを入れることもあるよ。

どくがあると知らせるため？
虫をよぶため？

キノコがなぜ光るのか，それはまだ，なぞにつつまれています。
でも，光るキノコは，とてもきれいです。
写真がたくさんのっているので，ぜひ読んでください。

木本《きもと》　はると

- 本を読んでわかったこと，内よう。
- 感想《かんそう》
- つたえたいこと　など

自分の名前

---

2 前ページの**1**で書いた〈表〉の内ようをもとに、ポップを作りましょう。

本の題名　「　　」

作者の名前

イラスト

自分の名前

- いちばん心にのこったところ／内よう
- つたえたい理由

「読んでみてください」のように，本をすすめる言葉をつけるといいね！

9 読書感想《かんそう》文《ぶん》を書く①

読書感想文の書き方

本を読んだら、読書感想文を書いてみましょう。

読書感想文は、はじめ→中→終《お》わりの組み立てで書こう。

はじめ	・その本を読んだ理由《りゆう》 ・出てくる人や物《もの》のせつ明、あらすじ
中	・心にのこったところ ・その部分《ぶぶん》が心にのこった理由 ・その部分を読んで思ったこと
終わり	・本を読んで、強く思ったこと ・本を読んで、やってみたくなったこと

「中」をいちばん多く書くよ！

① 本を読みながら、心にのこったところがあったら、しおりなどをはさんで、後で見つけやすくしておくと、べんりだよ。

② はじめ・中・終わりで、それぞれ〈メモ〉を作ろう。

③ 作った〈メモ〉をもとに、読書感想文を書こう。

メモを作る

① すきな本をえらんで読みましょう。読んだ本の題名と作者《さくしゃ》を書きましょう。

わたしは、この本を読んだよ！

〈ゆいさんのメモ〉

題名 〔あらしのよるに〕

作者（書いた人） 〔木村《きむら》 裕一《ゆういち》〕

『あらしのよるに』木村裕一作、あべ弘士《ひろし》絵（講談社《こうだんしゃ》）

〈あなたのメモ〉

題名 〔　　　　〕

作者 〔　　　　〕

あなたがすきな動物《どうぶつ》や食《た》べ物《もの》が出てくる本、表紙や題名を見て、おもしろそうだなと思った本などをえらんでみよう。前に読んで、おもしろかった本でもいいよ！

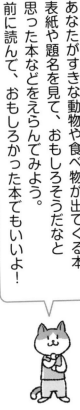

「はじめ」「中」「終わり」は、どんなふうに書けばいいのかな？くわしく見てみよう！

〈はるとさんのメモ〉

はじめ	中	終わり
・本の表紙《ひょうし》や題名《だいめい》にひかれたから。 ・先生や友だち、家族《かぞく》にすすめられたから。 ・同じ年の男の子が、一人で旅《たび》をする話。	・一人ぼっちだった主人公《しゅじんこう》が、なかまに出会って、せい長していく様子《ようす》が心にのこった。 ・主人公が友だちとけんかした場面《ばめん》を読んで、自分が友だちとけんかしたときのことを思い出した。 ・知らない国の食事《しょくじ》や文化《ぶんか》が出てきて、おもしろかった。	・つらい思いをしていた主人公が、さいごには幸《しあわ》せになったので、感動《かんどう》した。 ・しっぱいしてもあきらめない主人公が、すごいなと思った。 ・行ったことのない国に、行ってみたくなった。
・読んだ理由 ・どんな話か、何が書かれているかというせつ明	・心にのこったこと ・きょう味深《みぶか》かったこと ・知ったことや、わかったこと それに対《たい》して、あなたが思ったこと	読んだ後に強く思ったこと

「はじめ」「中」「終わり」のメモには、こういうことを書くんだね！メモを作ると、文章《ぶんしょう》が書きやすくなるよ。

❷ はじめに書くことを考えて、あなたが読んだ本について書きましょう。

わたしは、登場人物《とうじょうじんぶつ》と、かんたんなあらすじを書くことにしたよ。

〈ゆいさんのメモ〉

あらしの夜、ヤギのメイは、真《ま》っ暗《くら》な山《やま》小屋《ごや》で雨宿《あまやど》りをしていた。すると、そこにオオカミのガブも入ってくる。おたがいの正体を知らないまま、しゅるいのちがう二人が、友じょうを深《ふか》めていく話。

〈あなたのメモ〉

はじめにはどんなことを書けばいいか、かくにんして書いてみよう。読んだ理由と、登場人物やあらすじは、両方《りょうほう》書いてもいいよ。

10 読書感想文《かんそうぶん》を書く②

❶ 中に書くことを考えて、あなたが読んだ本について書きましょう。

・中にどんなことを書くか、書く前に、20・21ページと、〈ゆいさんのメモ〉をかくにんしてみよう。
・中は読書感想文の「中心」となる部分《ぶぶん》だから、はじめや終《お》わりよりも、長く書くよ。心にのこったことや思ったことを、二つ書いてみよう。

〈ゆいさんの中-①のメモ〉

心にのこったことの一つ目を書いたよ。

かみなりがピカッと光ったり、すきな食《た》べ物《もの》の話をしたりしたところ。
オオカミはヤギの天てきだから、おたがいの正体がわかりそうになると、どうなってしまうのだろうとドキドキした。

〈ゆいさんの中-②のメモ〉

心にのこったことの二つ目を書いたよ。

ガブとメイが、おたがいの顔を見ていないのに、友だちになったところ。
オオカミとヤギ、しゅるいはちがうけど、二人は、すごく気が合ったんだなと思った。
そんな友だちと出会えて、すてきだなと思った。

読書感想文には、本のどこが心にのこったか、本を読んで思ったことや、自分の気持《きも》ちを、自由《じゆう》に書いていいんだね！

（22ページのつづき）

〈あなたの中-①のメモ〉

〈あなたの中-②のメモ〉

2 終わりに書くことを考えて、あなたが読んだ本について書きましょう。

〈ゆいさんのメモ〉

物語の全体《ぜんたい》を通して、思ったことを書いたよ。

　この本を読んで、相手《あいて》を思いやる気持ちがあれば、いろんな人と、なかよくなれるのかもしれないと思った。
　わたしも、友だちを思いやる気持ちを、わすれないようにしたい。

〈あなたのメモ〉

11 読書感想《かんそう》文《ぶん》を書く③

文章《ぶんしょう》を書く

1 ゆいさんは、作ったメモをもとに、読書感想文を書きました。〈ゆいさんのメモ〉を見て、〈ゆいさんの読書感想文〉の（　　）に合う言葉を書きましょう。うすい字はなぞりましょう。

〈ゆいさんのメモ〉

はじめ	中		終《お》わり
あらしの夜、ヤギのメイは、真《ま》っ暗《くら》な山小屋《やまごや》で雨宿《あまやど》りをしていた。すると、そこにオオカミのガブも入ってくる。おたがいの正体を知らないまま、しゅるいのちがう二人が友だちになる話。	・かみなりがピカッと光ったり、すきな食《た》べ物《もの》の話をしたりしたところ。 ・オオカミはヤギの天てきだから、おたがいの正体がわかりそうになると、どうなってしまうのだろうとドキドキした。	・ガブとメイが、おたがいの顔を見ていないのに、友だちになったところ。 ・オオカミとヤギ、しゅるいはちがうけど、二人は、すごく気が合ったんだなと思った。そんな友だちと出会えて、すてきだなと思った。	この本を読んで、相手《あいて》を思いやる気持《きも》ちがあれば、いろんな人と、なかよくなれるのかもしれないと思った。 わたしも、友だちを思いやる気持ちを、わすれないようにしたい。
どんな話か	心にのこったこと	思ったこと	読んだあとに強く思ったこと

終わり　中　はじめ

〈ゆいさんの読書感想文〉

わたしは、「あらしのよるに」という本を読みました。（この本は）、ヤギのメイが、真っ暗な山小屋で雨宿りをしているところに、オオカミのガブも入ってきて、おたがいの正体を知らないまま、しゅるいのちがう（　　　です）。

（読んでいてドキドキしたのは）、かみなりがピカッと光ったり、二人がすきな食べ物の話をしたりしたところです。オオカミはヤギの天てきだから、おたがいの正体がわかったら、どうなってしまうのだろうと心配《しんぱい》になりました。

（心にのこったところは）、メイとガブが、おたがいの顔を見ていないのに、友だちになったところです。ヤギとオオカミでしゅるいはちがうけれど、すごく気の合う友だちに出会えて、（　　　）。

（この本を読んで）、わたしは、相手を思いやる気持ちがあれば、いろんな人となかよくなれるのかもしれないと思いました。わたしも、メイとガブのように、（　　　）をわすれないようにしたいです。

12 読書感《かん》想《そう》文《ぶん》を書く ④

❶ 20〜23ページの〈あなたのメモ〉を見て、読書感想文を書きましょう。

はじめ
中―①
中―②
終《お》わり
の組み立てで、それぞれだん落《らく》を分けて書こう。

〈あなたの読書感想文〉

メモごとに，だん落をかえて書こう。

13 学校生活や行事《ぎょうじ》を書く①

行事などの出来事《できごと》を書く作文の書き方

学校生活や行事の中で、心にのこっていることを作文に書きましょう。

① 作文に書く、テーマを決《き》めよう。
どんな出来事や思い出があったかなどを、心に思いうかべる。強く感《かん》じたことがあれば、そのときの出来事をくわしく思い出してみる。

② **はじめ**→**中**→**終《お》わり**という組み立てにそって、〈作文メモ〉を作ろう。

はじめ	・いつ、何をしたのか ・いつ、どんな出来事があったか
中	・出来事が起《お》きたときの様子《ようす》をくわしく書く ・そのときに感じたことや思ったことを書く
終わり	・出来事を通して、どんなことを感じて、どう思ったかを書く

③ 〈作文メモ〉をもとに作文を書こう。

中の部分《ぶぶん》は、とくにくわしく思い出して書こう！

① 学校生活や行事にはどんなものがあるでしょうか。次《つぎ》にあげた中から、あなたが作文に書いてみたい出来事を、○でかこみましょう。

毎日の学校生活のれい

国語
登下校《とうげこう》
体育《たいいく》
休み時間
きゅう食
音楽
図工

とくべつな行事のれい

音楽会
運動会《うんどうかい》
さんかん日
遠足
大そうじ
入学式《しき》・そつ業式《ぎょうしき》

○は，いくつつけてもいいよ。

「はじめ」「中」「終わり」は、どのように書けばいいかな？くわしく見てみよう。

〈はるとさんの作文メモ〉

はじめ	中	終わり
・七月二日、学校でプール開《びら》きがあった。 ・みんな、プール開きを楽しみに待《ま》っていた。	・その日の体育《たいいく》から、水泳《すいえい》が始《はじ》まった。 ・先生は、「水の事《じ》こがないように、安全《あんぜん》に気をつけましょう。」と、お話をした。 ・ぼくは、思わずプールサイドを走ってしまい、先生にしかられた。 ・足を水につけると、水はまだつめたかった。でも、水の中にいると、だんだんあたたかくなってきた。 ・水の中は気持《きも》ちがよくて、ずっとこの中で泳《およ》いでいたくなる。	・夏の間、プールで泳げることがうれしい。 ・大すきな水泳をめいっぱい楽しもうと思う。
・いつ、何をしたのか ・いつ、どんなことがあったのか	・出来事が起きたときの様子をくわしく書く ・そのときに感じたことや思ったことを書く	・出来事を通して、どんなことを感じて、どう思ったかを書く

メモを使《つか》うと、書きたいことをわすれないで書けるよね。

2 はじめに書くことを考えて、「いつ」「どんな出来事があったか」を書きましょう。

わたしは、五月のはじめに、遠足に行ったよ。三年生の遠足では、おさる山に登《のぼ》ったんだ。

〈ゆいさんのメモ〉

はじめ

・五月のはじめに、遠足に行った。
・三年生の遠足は、おさる山登山《とざん》。

〈あなたのメモ〉

はじめ

14 学校生活や行事《ぎょうじ》を書く②

① 中に書くことを考えて、「出来事《できごと》が起《お》きたときの様子《ようす》」をくわしく書きましょう。

中

〈ゆいさんのメモ〉

・はじめての山登《やまのぼ》りだった。
・山道を二時間も歩くのは、たいへんだった。
・ちょう上に着《つ》いたときには、へとへとだったけれどうれしかった。
・ちょう上からのながめがきれいだった。

中

〈あなたのメモ〉

② 終《お》わりに書くことを考えて、「感《かん》じたこと」「思ったこと」などの感想《かんそう》を書きましょう。

終わり

〈ゆいさんのメモ〉

・もう二度と山登りはしたくない、と思うぐらいつかれていたのに、美しいけしきを見たら、つかれがふっとんだ。
・また山登りをしたいと思った。

終わり

〈あなたのメモ〉

3 29・30ページを見て、〈ゆいさんのメモ〉の（　）に合う言葉《ことば》を書きましょう。うすい字はなぞりましょう。

〈ゆいさんのメモ〉

はじめ

・五月のはじめに、（遠足に）行った。
・三年生の遠足は、おさる山の登山《とざん》。
・山登りははじめてだった。
・山道を二時間も（　　）、たいへんだった。

29ページ**2**のメモを見よう！

中

・ちょう上に着いたときは、へとへとだったけれどうれしかった。
・ちょう上からの（　　）、きれいだった。

30ページ**1**のメモを見よう！

終わり

・もう二度と山登りはしたくない、と思うぐらいつかれていたのに、美しいけしきを（　　）、つかれがふっとんだ。
・また山登りがしたいと思った。

30ページ**2**のメモを見よう！

4 上の〈ゆいさんのメモ〉を見て、次《つぎ》の作文の（　）に合う言葉を書きましょう。うすい字はなぞりましょう。

〈ゆいさんの作文〉

（　　）、五月のはじめに遠足に行きました。
三年生の遠足は、（　　）です。
山登りは（　　ので）、山道を二時間も歩くのはたいへんでした。（だから）、ちょう上に着いたときは、へとへとだったけれど、うれしかったです。（そして）、ちょう上からのながめが、とてもきれいでした。
（それまで）、もう二度と山登りはしたくない、と思うぐらいつかれていたのに、（　　ました。）
また、山登りがしたいと思います。

ゆいさんが、ちょう上に着いたときのけしきにとても感動《かんどう》したのが、よくわかるね。

15 学校生活や行事《ぎょうじ》を書く ③

❶ 29・30ページで書いた、あなたの〈作文メモ〉をまとめましょう。

〈作文メモ〉

はじめ	中	終《お》わり

29ページ ❷ のメモ

30ページ ❶ のメモ

30ページ ❷ のメモ

2 右ページの〈作文メモ〉を見て、作文を書きましょう。

はじめ
中
終わり
の組み立てで、それぞれだん落《らく》を分けて書こう。

強く感《かん》じたことを、くわしく書こう。

16 見学したことを書く①

見学してわかったことをつたえる作文の書き方

市役所《しやくしょ》・けいさつしょ・はく物館《ぶつかん》など、身《み》の回《まわ》りにあるいろいろな所《ところ》を見学したことを作文にします。

見学から作文を書くまでの流れ

① 見学するとき

・見たことや、聞いたこと、気づいたことを書きとめて〈見学メモ〉を作ろう。

・見学に行った場所《ばしょ》ではたらいている人にインタビューする。

・しりょうやパンフレットがあれば、もらってくる。

② 見学から帰ってきたら

・〈見学メモ〉をもとに、作文に何を書くかを考えて、〈作文メモ〉を作ろう。

・持《も》ち帰ったしりょうがあれば、それも見て書こう。

◆文章《ぶんしょう》の組み立て

はじめ	見学した日時や場所
中	見学してわかったこと（見たこと、聞いたこと）
終《お》わり	見学した感想《かんそう》

③ 〈作文メモ〉をもとに、文章を書こう。

---

1 次の作文を読んで、問題《もんだい》に答えましょう。

〈はるとさんの作文〉

はじめてのおかし工場

木本《きもと》　はると

1 はじめ

ぼくは、六月二十日に、おかし工場の見学に行きました。見学する前は、いつも食べているおかしが、どのように作られているのかが気になっていました。

2 中

おかし工場に着《つ》くと、工場ではたらいている木村《きむら》さんがあん内してくれて、工場のことを教えてくれました。工場の入り口には、送風《そうふう》きがあって、ほこりやごみが作業《さぎょう》する場所に入らないようにくふうしていました。だから、工場内はきれいで、ごみ一つ落《お》ちていません。おかしは原りょうからせい品《ひん》になるまで、ベルトコンベアで運《はこ》ばれながら作られていました。工場には、きかいの動《うご》きをかくにんする人や、ふりょう品《ひん》がないかどうか、品《ひん》しつかん理をしている人もいました。

3 終わり

今回、おかし工場を見学して、ほとんどがきかいで自動《じどう》てきに作業していたので、はたらいている人が思ったよりも少なくておどろきました。ほかの物《もの》を作っている工場にも行ってみたくなりました。

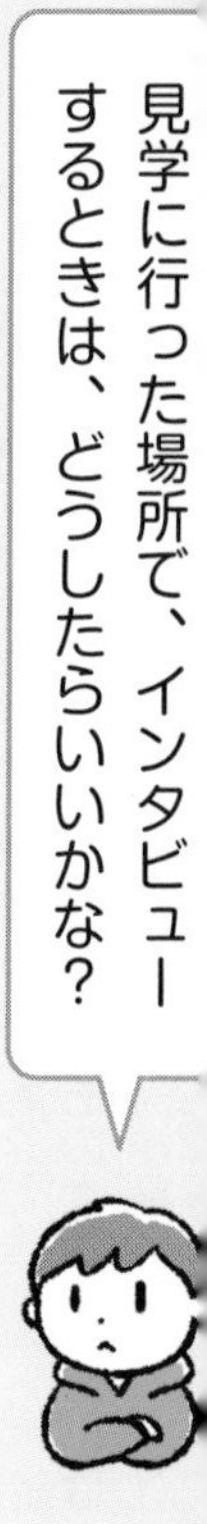

見学に行った場所で、インタビューするときは、どうしたらいいかな？

インタビューのしかた

見学に行った場所ではたらいている人にインタビューするときは、次《つぎ》のことに気をつけましょう。

① インタビューをする前
・しつ問《もん》することを、見学前に考えて、メモしておこう。

② インタビューをするとき
・メモを取《と》りながら聞こう。
・しつ問をしていて、もっと知りたいことが出てきたら、その場で聞いてみよう。
・あいさつやお礼《れい》の言葉《ことば》を、きちんと言おう。
・ていねいな言葉づかいで話そう。

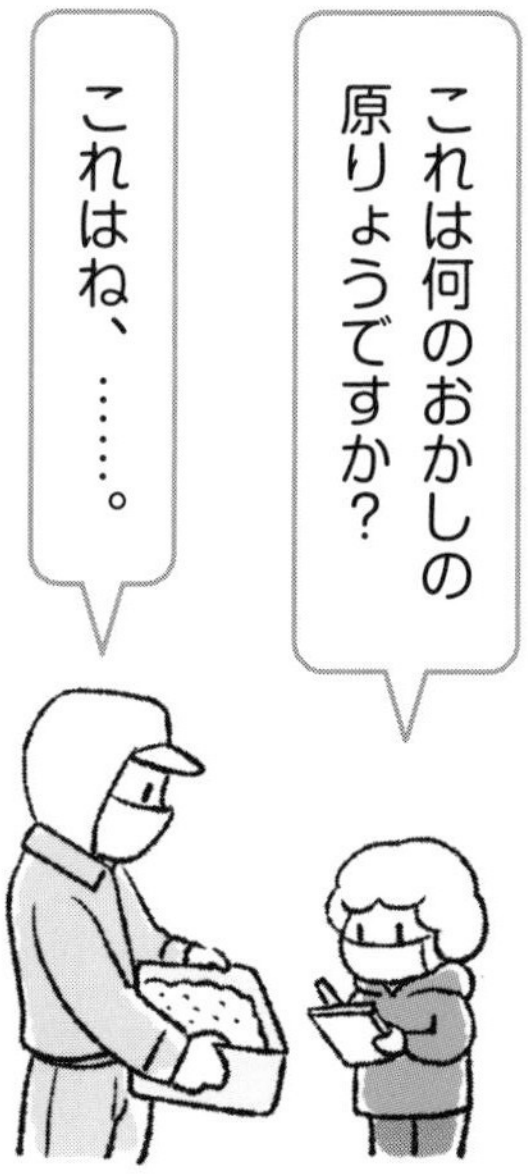

これは何のおかしの原りょうですか？
これはね、……。

(1) はるとさんの作文の1～3の内ように合うものを次からえらんで、（　）に記号《きごう》を書きましょう。

ア 見学してわかったこと
イ 見学した日時や場所
ウ 見学した感想

1（　　）　2（　　）　3（　　）

(2) インタビューのしかたについて、正しいものに○を、まちがっているものに×をつけましょう。

①（　　）聞きたいことは、その場で決《き》める。
②（　　）聞きたいことを考えて、メモしておく。
③（　　）いちばん近くにいる人にしつ問する。
④（　　）聞いた話はメモしておく。

上のまとめをかくにんしながら、といてみよう。

17 見学したことを書く②

1 はるとさんは、おかし工場の見学に来ました。次《つぎ》のまん画を見て、問題《もんだい》に答えましょう。

〈おかし工場見学の様子《ようす》〉

見学前
いつも食べてるおかしは、どういうふうに作られているんだろう。
①
工場にとう着《ちゃく》
よろしくおねがいします。
今日、工場をあん内する、木村《きむら》です。工場ではたらいています。
②
工場の入り口
送風《そうふう》きで、ほこりやごみが中に入らないようにくふうしているんですよ。
そうなんだ！知らなかったな。
③
工場内
本当だ！ごみ一つ落《お》ちてない！
ん？あの大きなきかいは何かな？
④

(1) 上のまん画を見て、〈はるとさんの見学メモ〉の（　　）に合う言葉《ことば》を書きましょう。

〈はるとさんの見学メモ〉

はじめ

・見学した日、場所《ばしょ》
・六月二十日
・おかし工場

中

・見学してわかったこと

〈見たこと〉

工場の入り口

・工場ではたらく木村さんがあん内してくれた。
・（　　　　）がある。

工場の中

・ごみ一つ落ちていなかった。
・大きなきかいがある。
・あまり人がいない。

〈聞いたこと〉

・送風きで、ほこりやごみが中に入らないようにくふうしている。
・大きなきかいは、（　　　　）おかしが原りょうからせい品になるまで、（　　　　）という。

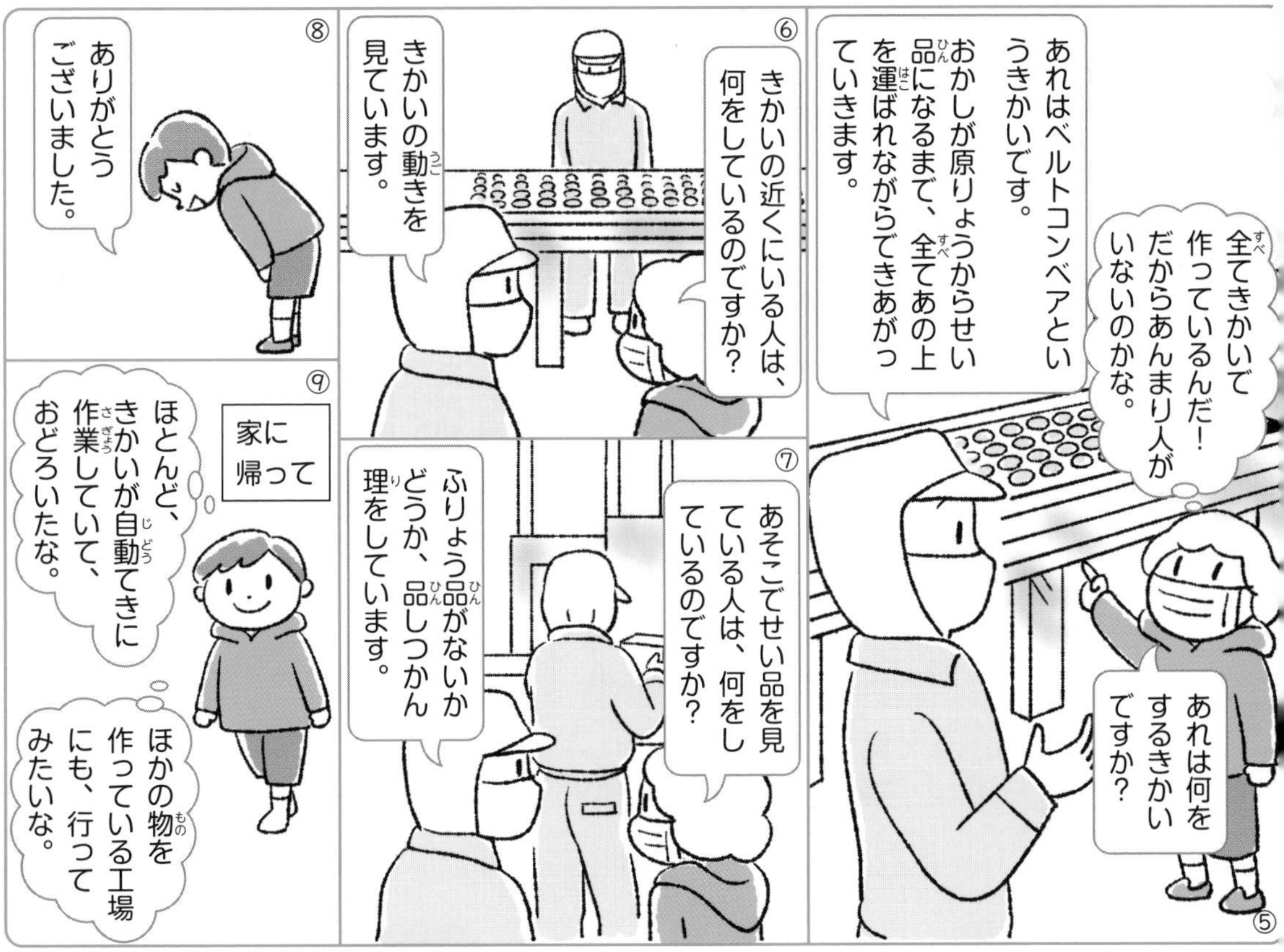
あれは何をするきかいですか？

あれはベルトコンベアというきかいです。おかしが原りょうからせい品《ひん》になるまで、全《すべ》てあの上を運《はこ》ばれながらできあがっていきます。

全《すべ》てきかいで作っているんだ！だからあんまり人がいないのかな。

きかいの近くにいる人は、何をしているのですか？

きかいの動《うご》きを見ています。

あそこでせい品を見ている人は、何をしているのですか？

ふりょう品《ひん》がないかどうか、品《ひん》しつかん理《り》をしています。

ありがとうございました。

家に帰って
ほとんど、きかいが自動《じどう》てきに作業《さぎょう》していて、おどろいたな。

ほかの物《もの》を作っている工場にも、行ってみたいな。


このきかいで運ばれながら作られる。
・きかいの近くにいる人は、きかいの（　　）をかくにんしている。
・ふりょう品《ひん》がないかどうか、（　　）かん理をしている人がいる。

●見学した感想《かんそう》
・ほとんど、きかいが自動てきに作業していて、おどろいた。
・（　　）を作っている工場にも行ってみたい。

終《お》わり

この〈見学メモ〉をもとに、〈作文メモ〉を作っていくよ！

人から聞いたことの書き方

文章《ぶんしょう》を書くときは、自分が見たことや気づいたことと、人から聞いたことは分けて書くよ！

れい
・きかいがたくさんありました。（自分で見たこと）
・きかいがたくさんあるそうです。（人から聞いたこと）

見学したことを書く ③

〈作文メモ〉の組み立て	
はじめ	見学した日時、場所《ばしょ》 いつ・どこに行ったか
中	見学してわかったこと そこで見たこと、聞いたこと
終《お》わり	見学した感想《かんそう》 見学して思ったこと

この組み立てで〈作文メモ〉を作るよ！〈見学メモ〉をもとに、文章《ぶんしょう》のじゅんじょを考えたり、せつ明をくわえたりして、文章に書くことを決《き》めよう。

1 〈はるとさんの見学メモ〉を見て、下の〈はるとさんの作文メモ〉の（　　）に合う言葉《ことば》を書きましょう。

〈はるとさんの見学メモ〉

- 見学した日、場所　六月二十日　おかし工場
- 見学してわかったこと

〈見たこと〉

・工場ではたらく木《き》村《むら》さんがあん内してくれた。

工場の入り口

〈はるとさんの作文メモ〉

はじめ

・六月二十日

・（　　　　　　）を見学した。

・見学する前は、いつも食べているおかしが、どのように作られているのか気になっていた。

〈見たこと〉

・工場ではたらいている（　　　　　　）が、あん内してくれた。

・工場の入り口には送風きがあって、（　　　　　　）くふうしていた。

中

・ごみ一つ落ちていなかった。

・工場の中には、大きなきかいがあった。

〈聞いたこと〉

・大きなきかいは、ベルトコンベアという。

・送風きがある。

工場の中

・ごみ一つ落《お》ちていなかった。
・大きなきかいがある。
・あまり人がいない。

〈聞いたこと〉

・送風きで、ほこりやごみが中に入らないようにくふうしている。
・大きなきかいは、ベルトコンベアという。おかしが原りょうからせい品《ひん》になるまで、このきかいで運《はこ》ばれながら作られる。
・きかいの近くにいる人は、きかいの動《うご》きをかくにんしている。
・ふりょう品《ひん》がないかどうか、品《ひん》しつかん理をしている人がいる。

●見学した感想

・ほとんど、きかいが自動《じどう》てきに作業《さぎょう》していて、おどろいた。
・ほかの物《もの》を作っている工場にも、行ってみたい。

はじめのところに、「見学する前に考えていたこと」をくわえてみようかな。教えてもらった送風きのせつ明は、工場の入り口の話で書こうかな。

終わり

おかしが（　　）から（　　）になるまで、このきかいで運ばれながら作られる。
・きかいの近くにいる人は、（　　）している。
・ふりょう品がないかどうか、（　　）人がいる。

・ほとんど、きかいで自動てきに作業していたので、はたらいている人が思ったよりも少なくて（　　）。
・ほかの物を作っている工場にも行ってみたい。

終わりの、見学しておどろいた理由を、もっとくわしく書いてみたよ。

これで、作文にする内ようと、文章を書くじゅんじょが決まったよ！

19 見学したことを書く④

1 ゆいさんは、いちご農家《のうか》に見学に行きました。次《つぎ》の〈ゆいさんの作文メモ〉や、とってきた写真《しゃしん》などを見て、左ページの〈ゆいさんの作文〉の（　　）に合う言葉《ことば》を書きましょう。うすい字はなぞりましょう。

〈ゆいさんの作文メモ〉

はじめ	●見学した日時、場所《ばしょ》 ・十二月十二日　・いちご農家を見学した。 ●見学する前に考えていたこと ・家の庭《にわ》のいちごは五月に実《み》がなった。でも、スーパーでは冬にもいちごが売られている。どうして寒《さむ》い時期《じき》にいちごが食べられるのか気になっていた。育《そだ》て方をくわしく知りたい。
中	●見学してわかったこと 〈見たこと・感《かん》じたこと〉 ・いちご農家の小川《おがわ》さんがあん内してくれた。 ・いちごを育てるビニールハウスの中は広くてあたたかい。 ・いちごは、地面《じめん》より高いところに、たなをつくって、その上で育てられていた。赤くて大きな実がたくさんなっていた。 〈聞いたこと〉 ・いちごは、ビニールハウスで育てることで、冬でも出荷《しゅっか》することができるようになった。 ・いちごがいちばん売れるのは冬。ケーキなどでたくさん食べられる。 ・ビニールハウスは温度《おんど》がかん理され、たなの下には水やひりょうが通るパイプがある。 ・しゅうかくするときはていねいにいちごをあつかう。
終《お》わり	●見学した感想《かんそう》 ・手間ひまかけて大事《だいじ》に育てていることがわかった。 ・いちごの実は、一つ一つがほう石みたいだと思った。

〈ゆいさんのとってきた写真〉

メモから文章《ぶんしょう》にするときは、文の終わりに気をつけよう！
「見学した。」←「見学しました。」のように書き直すといいのかな。

〈ゆいさんの作文〉

はじめ　中　終わり

冬にいちごが食べられる理由《りゆう》

作文の題名《だいめい》

太田《おおた》　ゆい

名前

わたしは、十二月十二日に、（見学しました）。見学する前に気になっていたのは、どうして（　　　）、ということです。育て方をくわしく知りたいと考えていました。

当日は、いちご農家の小川さんが（　　　）。

いちごを育てるビニールハウスの中は、広くてあたたかかったです。（そして）、いちごは、（　　　）、その上で育てられていました。赤くて大きな実がたくさんなっていました。

小川さんが、いちごは、ビニールハウスの中で育てることで、（　　　）と教えてくれました。だから、冬にケーキなどでたくさん食べることができます。ビニールハウスは、温度がかん理されて、たなの下には水やひりょうが通るパイプがあるそうです。しゅうかくするときは、手作業《てさぎょう》でていねいにいちごをあつかいます。

見学を終えて、わたしは、手間ひまかけて大事に育てられたいちごの実は、一つ一つが（　　　と思いました）。

20 今、取《と》り組《く》んでいることを書く①

力を入れていることや、目ひょうの書き出し方

今、取り組んでいることをつたえる文章《ぶんしょう》を書くために、力を入れていることや目ひょうを書き出して、〈メモ〉を作ります。〈メモ〉をもとに、文章を書きましょう。

◆〈メモ〉に書くこと

① 何に取り組んでいるか？

れい
・スポーツ…サッカー・野球《やきゅう》・水泳《すいえい》・ダンスなど
・楽《がっ》き・げいじゅつ…ピアノ・エレクトーン・バレエ・絵・書道など
・そのほか…ゲーム・けん玉・プラモデル作り・おかし作りなど

② 何に力を入れているか？

れい
・サッカー…ドリブルやパス、シュートの練習《れんしゅう》。
・ピアノ…毎日かならずひくこと。きそ練習。

③ どうなりたいか？　どうしたいか？

れい
・サッカー…思いどおりにボールを動《うご》かしたい。
・ピアノ…まちがえたりつかえたりしないで、上手《じょうず》にひけるようになりたい。

---

1 ゆうまさんが、今、取り組んでいることについて話しています。あてはまるものに○をつけましょう。

ぼくは、サッカーをしているよ。さい近は、シュートの練習に力を入れているんだ。次《つぎ》のしあいでゴールを決《き》められるように、もっとがんばりたいな。

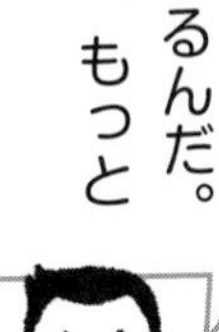

(1) ゆうまさんは、何に取り組んでいますか。

(　) テニス
(　) 野球
(　) サッカー

(2) ゆうまさんが、力を入れていることは何ですか。

(　) ボールになれる練習。
(　) シュートの練習。
(　) 速《はや》く走る練習。

(3) ゆうまさんは、これからどうしたいと言っていますか。

(　) ドリブルがうまくなりたい。
(　) 相手《あいて》のシュートを止めたい。
(　) 次のしあいでゴールを決めたい。

2 めぐみさんが、今、取り組んでいることについて話しています。（　　）に合う言葉《ことば》を書き、文章をかんせいさせましょう。

・取り組んでいること
わたしは、（　　　　　　）をがんばっています。

・力を入れていること
今は、〔　　　　　　　　〕に力を入れています。

・なりたいもの・やりたいこと
発表会では、〔　　　　　　　　〕したいです。

3 とおるさんが、今、取り組んでいることについて話しています。（　　）に合う言葉を書き、文章をかんせいさせましょう。

・取り組んでいること
ぼくは、（　　　　　　）います。

・なりたいもの・やりたいこと
上手にかいた絵を、〔　　　　　　　　〕。

・力を入れていること
さい近は、〔　　　　　　　　〕。

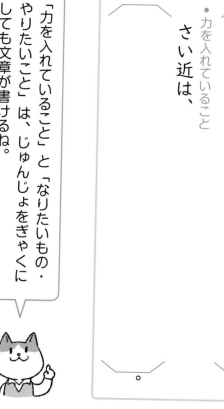

21 今、取《と》り組《く》んでいることを書く②

取り組んでいることをつたえる文章《ぶんしょう》の書き方

〈メモ〉をもとに、じゅんじょよく、文章を書きましょう。

① 今、取り組んでいること
↓
② 力を入れていること（がんばっていること）
↓
③ やりたいこと・なりたいもの・目ひょう

①〜③の流《なが》れで、はるとさんが書いた次《つぎ》の文章を読んでみよう。

〈はるとさんの作文〉

①ぼくが、今取り組んでいるのは、ダンスです。ヒップホップダンスのスクールに通っています。②発表会《はっぴょうかい》まであと少しなので、さい近は、発表会でおどる曲《きょく》を、がんばって練習《れんしゅう》しています。③発表会には、家族《かぞく》や友だちなど、たくさんの人が見に来るので、みんなで、きれいに動《うご》きをそろえて、おどれるようにしたいです。

どうして練習に力を入れているのか、その理由《りゆう》も書くと、読む人により気持《きも》ちがつたわる文章《ぶんしょう》になるね。

---

① あなたが、今、取り組んでいること、これから取り組みたいことを書きましょう。

② ①で書いたことについて、あなたが力を入れていることや、がんばっていること（これから取り組みたいことを書いた場合《ばあい》は、力を入れてやってみたいこと）を書きましょう。

③ ②で書いたことを通して、あなたがどうしたいか、どうなりたいかを書きましょう。

4 1〜3で書いた内ようをもとに、あなたが、今、取り組んでいること、または、取り組みたいと思っていることを文章に書きましょう。1→2→3のじゅん番で書きましょう。

1 今、取り組んでいること・取り組みたいこと

2 力を入れていること・がんばっていること

3 やりたいこと・なりたいもの・目ひょう

22 もっと勉《べん》強《きょう》、研《けん》究《きゅう》したいことを書く①

きっかけや理由《りゆう》、具体《ぐたい》てきな研究内ようの書き出し方

もっと勉強、研究してみたいことを文章《ぶんしょう》に書くために、きっかけや理由、具体てきな研究内ようを書き出して、〈メモ〉を作ります。

◆〈メモ〉をもとに、文章を書きましょう。

◆〈メモ〉に書くこと

① もっと勉強、研究したいこと

れい　動物《どうぶつ》・植物《しょくぶつ》・天気・きょうりゅう・うちゅう
地図・世界《せかい》の国ぐに・れきし人物《じんぶつ》　など

② もっと勉強、研究したいと思ったきっかけ・理由

れい
・植物…図かんで水の中に生えている植物を知って、とてもふしぎだったから。
・きょうりゅう…どうしてぜつめつしてしまったのか気になったから。

③ 具体てきに、調《しら》べてみたいことや行ってみたい場所《ばしょ》

れい
・植物…じっさいにその植物が生えている場所に行って、本物《ほんもの》を見てみたい。
・きょうりゅう…きょうりゅうの生きていた時代《じだい》について、調べる人になりたい。

いつも気になっていることや、もっと知りたいことを考えてみよう。

1 あゆむさんは、研究してみたいことについて話しています。あてはまるものに○をつけましょう。

わたしは、イルカについて研究してみたいな。水族《すいぞく》館《かん》でイルカショーを見たとき、し育員《いくいん》さんの指《し》じにしたがって、とんだり泳《およ》いだりしていたよ。人間の言うことがわかるみたいで、びっくりしたんだ。どうしてあんなに頭がいいのか、調べてみたいな。

(1) あゆむさんがもっと研究したいこと

（　）イルカ
（　）魚
（　）水族館

(2) あゆむさんが研究したいと思ったきっかけ・理由

（　）し育員さんが、かっこよかったから。
（　）イルカが、人間の言うことがわかるみたいでおどろいたから。
（　）し育員さんの話がおもしろかったから。

(3) あゆむさんが調べてみたいこと

（　）何を食べているのかを調べたい。
（　）にた生《い》き物《もの》について調べたい。
（　）どうしてあんなに頭がいいのか調べたい。

2 まさとさんは、研究してみたいことについて話しています。（　　）に合う言葉《ことば》を書き、文章をかんせいさせましょう。

ぼくは、うちゅうについてもっと研究してみたいな。うちゅう人について書かれた本を読んだんだ。うちゅう人は「地球外生命《ちきゅうがいせいめい》」ともいうらしい。いつか、うちゅうに行って、本当にうちゅう人がいるのかどうか、自分の目でたしかめてみたいな。

ぼくは、（　　　　）について、もっと研究したいです。

・もっと勉強、研究したいこと

なぜなら、（　　　　）を読んだからです。

・勉強、研究したいと思ったきっかけ・理由

いつか、うちゅうに行って、（　　　　）です。

・調べてみたいこと・行ってみたい場所

---

3 れいさんは、勉強してみたいことについて話しています。（　　）に合う言葉を書き、文章をかんせいさせましょう。

わたしは、植物についてもっと勉強したいな。植物園に行って、虫を食べる植物を知ったんだ。わたしの知らない、おもしろい植物が、まだたくさんありそうだから、もっと調べたいな。

わたしは、（　　　　）。

なぜなら、（　　　　）。

（　　　　）なので、もっと調べたいです。

23 もっと勉《べん》強《きょう》、研《けん》究《きゅう》したいことを書く②

もっと勉強、研究してみたいことをつたえる文章《ぶんしょう》の書き方

〈メモ〉をもとに、じゅんじょよく文章を書きましょう。

① もっと勉強、研究してみたいこと
←
② もっと勉強、研究したいと思ったきっかけ・理由《りゆう》
←
③ 具体《ぐたい》てきに、調《しら》べてみたいことや行ってみたい場所《ばしょ》

①～③の流《なが》れで、ゆいさんが書いた次《つぎ》の文章を読んでみよう。

① わたしは、きょうりゅうについてもっと勉強してみたいです。
② なぜなら、きょうりゅうがぜつめつした理由は、今もまだわかっていないということを聞いたからです。
③ だから、きょうりゅうについて研究して、いつか、ぜつめつした理由を明らかにしたいです。

どうして、もっとくわしく学んでみたいと思ったのか、理由や出来《でき》事《ごと》を思い出して書こう。

① あなたが、もっと勉強、研究してみたいことを書きましょう。

② あなたが、①を、もっと勉強、研究したいと思ったきっかけ・理由を書きましょう。

③ あなたは、①について、具体てきにどんなことを調べたり学んだりしてみたいですか。

勉強・研究を通して、どんなふうになりたいのか、考えてみよう。

❹ ❶～❸で書いた内ようをもとに、あなたが、もっと勉強、研究したいことを文章に書きましょう。❶→❷→❸のじゅん番で書きましょう。

❶、❷、❸、それぞれ、だん落《らく》をかえて書こう。

❶ もっと勉強、研究してみたいこと

❷ もっと勉強、研究したいと思ったきっかけ・理由

❸ 具体てきに、調べてみたいことや行ってみたい場所

24 動《どう》植《しょく》物《ぶつ》を世《せ》話《わ》したことを書く①

動植物を世話したことをしょうかいする作文の書き方

家でかっている動物や、学校で世話している生《い》き物《もの》のことを、作文に書きます。

作文を書く前に、はじめ・中・終《お》わりで、〈作文メモ〉を作ろう。

〈作文メモ〉

はじめ	・どんな生き物を育《そだ》てているか れい ・ねこ…元のらねこ。名前は「あずき」。 ・花…ヒヤシンス。
中	・どんなふうに世話しているか ・生き物はどんな様子《ようす》か れい ・ヒヤシンスを球根《きゅうこん》から水さいばいで育てている。 ・毎日、水をかえてあげる。明るいところにおく。
終わり	・育てて思ったこと、育てた感想《かんそう》 れい ・何色の花がさくのか、楽しみにしていたら、ピンク色の花がさいて、きれいだった。

家や学校、クラスで世話している生き物はいるかな？
身近《みぢか》な動物や植物を思い出してみよう。

1 はるとさんがかっている犬についてのまん画を見て、〈はるとさんの作文メモ〉の（　）に合う言《こと》葉《ば》を書きましょう。

①
ぼくがかっている犬は、マルチーズというしゅるい。
②
生後三か月からかっていて、今は六さい。
真《ま》っ白《しろ》な毛がつやつやしているから、ブライトと名前をつけたんだ。
③
朝夕のさん歩と食事《しょくじ》の世話は、ぼくの仕事《しごと》。
④
ブライトは、名前をよぶと、しっぽをふってよってくるよ。
⑤
学校に行くときは見送《みおく》ってくれる。
家に帰ると、出むかえてくれる。
⑥
かわいいブライト。いつまでも長生きしてほしいな。

〈はるとさんの作文メモ〉

はじめ

- どんな生き物
- ・（　　　）というしゅるいの犬。生後三か月からかっていて、今は六さい。
- ・（　　　）な毛がつやつやしているから、ブライトという名前をつけた。

中

- どんなふうに世話しているか
- ・朝夕の（　　　）と（　　　）の世話を、ぼくがしている。
- 生き物の様子
- ・（　　　）をよぶと、しっぽをふってよってくる。
- ・学校に行くときは、げんかんまで来て、（　　　）。
- ・家に帰ると、（　　　）。

終わり

- 育てていて思ったこと
- ・とてもかわいい。いつまでも元気で（　　　）してもらいたい。

はるとさんは、「生き物はどんな様子か」について、くわしく書いているね。
だから、ブライトの様子が、よくつたわってくるんだね！

25 動《どう》植《しょく》物《ぶつ》を世《せ》話《わ》したことを書く②

文《ぶん》章《しょう》を書く前の〈作文メモ〉の見直し方

原こう用紙に文章を書き始《はじ》める前に、〈作文メモ〉を見直しましょう。

〈はるとさんの作文メモ〉

はじめ

- どんな生《い》き物《もの》
  - ・マルチーズというしゅるいの犬。
  - ・生後三か月からかっていて、今は六さい。
  - ・真《ま》っ白《しろ》な毛がつやつやしているから、ブライトという名前をつけた。

中

- どんなふうに世話しているか
  - ・朝夕のさん歩と食事《しょくじ》の世話を、ぼくがしている。
- 生き物の様子《ようす》
  - ・名前をよぶと、しっぽをふってよってくる。
  - ・学校に行くときは、げんかんまで来て、見送《みおく》ってくれる。
  - ・家に帰ると、出むかえてくれる。

終《お》わり

- 育《そだ》てていて思ったこと
  - ・とてもかわいい。いつまでも元気で長生きしてもらいたい。

ぼくが学校から帰ってきたときのブライトの様子を、もっとくわしく書きたいな。

家に帰ったときは、急《いそ》いでかけよってきて、うれしそうにじゃれてくる。

うん！　こうしよう！　ほかのところはだいじょうぶかな。

原こう用紙に書いてから直すのはたいへんだから、できるだけメモのところで直せるといいね！

1 右ページの〈はるとさんの作文メモ〉を見て、〈はるとさんの作文〉の（　）に合う言葉《ことば》を書きましょう。うすい字はなぞりましょう。

〈はるとさんの作文〉

はじめ

ぼくの家では、（　　　　）をかっています。

生後三か月からかっていて、今は六さい（です）。真っ白な毛がつやつやしているから、ブライトという名前をつけました。

中

朝夕のさん歩と食事の世話は、ぼくが（しています）。

（ブライトは）、名前をよぶと、しっぽをふってよってきます。ぼくが学校へ行くときは、げんかんまで来て見送ってくれます。（　　　　）家に帰ってきたときは、急いでかけよってきて、うれしそうにじゃれてきます。

終わり

こんなにかわいいブライトには、（　　　　）。

はじめ・中・終わりで、だん落《らく》をかえよう！

26 自《じ》由《ゆう》研《けん》究《きゅう》を発《はっ》表《ぴょう》する原こうを書く①

自由研究を発表するときの原こうの書き方

自由研究を発表するときは、絵や図表《ずひょう》、グラフといったしりょうをしめすと、調《しら》べた内ようがよりつたわりやすくなります。

調べた内ようをメモにまとめるときには、どんなことがわかったか（どんなことがわからなかったか）を書いておこう。

はるとさんが自由研究をした様子《ようす》をいっしょに見てみよう！

〈はるとさんの自由研究〉

①
おじいちゃん、こんにちは。
いらっしゃい。
②
はると君、蔵《くら》に荷物《にもつ》を取《と》りに行くけど、いっしょに行くかい？
③
蔵《くら》？
蔵《くら》は、大きな物《もの》おきだよ。家のとなりにある、この古いたて物がうちの蔵《くら》なんだ。

〈原こうメモ〉

はじめ	テーマをえらんだきっかけ・理由《りゆう》
中	・調べ方のしょうかい ・調べてわかったこと
終《お》わり	調べ終わって気づいたこと・思ったこと

発表するときの原こうも、はじめ→中→終わりの流《なが》れで考えよう。

❶ 上のはるとさんのまん画を見て、次の〈はるとさんの原こうメモ〉の（　）に合う言葉《ことば》を書きましょう。うすい字はなぞりましょう。

〈はるとさんの原こうメモ〉

はじめ	・テーマをえらんだきっかけ・理由 （おじいさん）の家のとなりにある蔵《くら》で、見たことのない、昔の道具を見つけた。 ・調べ方のしょうかい

中

・おじいさんの蔵で、道具の（写真）をとった。

・昔の生活をてんじしている（　　　）に行って、くわしく調べた。

●調べてわかったこと

「長火ばち」

・はいを入れてその上で炭《すみ》をもやして使《つか》う。

・だんぼうや湯《ゆ》をわかすのに使っていた。

・今のストーブやコンロにあたる。

「火のし」

・水をくむひしゃくのような形。

・わんの部分《ぶぶん》にあつい炭を入れ、わんのそこを衣服《いふく》に当てて使う。しわをのばす道具。

・今の（　　　）にあたる。

終わり

●調べ終わって気づいたこと・思ったこと

・電気やガスがない時代《じだい》、人々はいろいろな道具をくふうして使っていたことがわかった。

・ほかにも古い道具をさがして、調べてみたいと思った。

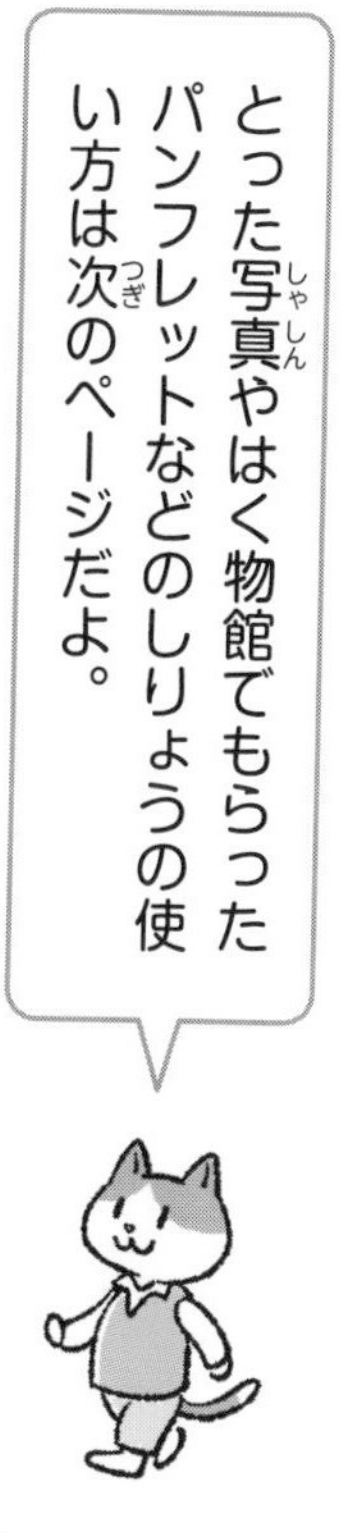

27 自由《じゆう》研究《けんきゅう》を発表《はっぴょう》する原こうを書く②

発表するときのくふう

発表するときは、聞いている人によびかけたり、問《と》いかけたりする言い方で発表するとよいでしょう。

よびかけたり、問いかけたりする言い方

- ～を見てください。
- ～を聞いてください。
- これは何でしょう。
- これは何だかわかりますか。
- これは何だと思いますか。
- ～を知っていますか。
- ～を知りませんか。
- ～を見たことはありませんか。

より発表に引きこまれるね！

しりょうの使《つか》い方《かた》

調《しら》べたものをしょうかいしたり、せつ明したりするときに、聞いている人にしりょうを見せましょう。言《こと》葉《ば》だけでせつ明するよりも、より聞き手につたわりやすくなり、なっとくしてもらえる発表になります。

図やグラフ

○○○館
パンフレット

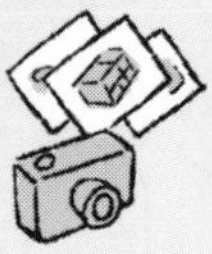
写真《しゃしん》や絵

---

① 54・55ページの〈はるとさんの原こうメモ〉と、次《つぎ》のしりょう写真《しゃしん》を見て、〈はるとさんの発表原こう〉の（　）に合う言葉を書きましょう。うすい字はなぞりましょう。

ぼくは、「長火《ながひ》ばち」と「火《ひ》のし」の写真をみんなに見せながら発表するぞ！

〈しりょう①　長火ばちの写真〉

〈しりょう②　火のしの写真〉

まず、発表のテーマと、それをえらんだきっかけや理由《りゆう》を話そう。

54・55ページの〈原こうメモ〉のはじめにまとめたよ。

〈はるとさんの発表原こう〉

はじめ

先日、おじいさんの家へ遊《あそ》びに行ったとき、家のとなりにある蔵《くら》の中で、見たことのない昔《むかし》の道具《どうぐ》を（　　　　）。その時、気になったので、見つけた道具を写真にとっておきました。そして、これらがどんな道具なのかをくわしく調べるために、昔の生活をてんじしているはく物館《ぶつかん》に行きました。

中

（しりょう①を見せながら）（これは、何の道具かわかりますか）。

これは、「長火ばち」といって、はいを入れてその上で炭《すみ》をもやす道具です。昔、だんぼうやお湯《ゆ》をわかすために使っていました。今、ぼくたちが使っているストーブやコンロにあたります。

（しりょう②を見せながら）（次に、これは、　　）。

これは、「火のし」といって、水をくむひしゃくのような形をした道具です。おわんの部分《ぶぶん》にあつい炭を入れて、おわんのそこを衣服《いふく》に当てると、しわをのばすことができます。今、ぼくたちが使っているアイロンですね。

終《お》わり

電気やガスがない時代《じだい》、人々はいろいろな道具をくふうして使っていたことが（わかりました）。ほかにも古い道具をさがして、どういうふうに使っていたのか、（　　　　）。

調べてわかったことについては「わかりました」や「わかります」、話などを聞いて知ったことについては「（〜さんに聞いたところ）〜そうです」「〜によると、〜ということです」などの言い方があるよ。

28 体《たい》験《けん》したことを書く①

体験したことをつたえる作文の書き方

体験したことをつたえる作文を書くときは、次《つぎ》のような〈作文メモ〉をまとめましょう。

いちばん楽しかったこと、いちばんむずかしかったことなど、くわしく思い出せることを書こう。

〈作文メモ〉

はじめ	いつ・どこで・だれと・どんな体験をしたか れい ・工作・キャンプ・つり・りょう理 ・海水よく・いちごがり　など
中	体験したことのくわしい内よう ・はじめに、何があったか ・次に、何があったか（いくつかある時もある） ・さいごに、どうしたか、どうなったか
終《お》わり	体験して思ったこと・感想《かんそう》

メモは、はじめ・中・終わりの三つに分けて書くんだね。

出来事《できごと》のじゅんじょを思い出して、そのとおりにまとめよう！

❶ 次のまん画を見て、左ページの〈ゆいさんの作文メモ〉の（　）に合う言葉《ことば》を書いて、メモの中の部分《ぶぶん》をまとめましょう。

先週の日曜日に、お母《かあ》さんとカレーライスを作ったことを書こうかな。

カレーライスは、次のじゅんじょで作ったよ！

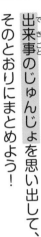

〈ゆいさんの作文メモ〉

はじめ

- いつ…先週の日曜日
- どこで…家で
- だれと…お母さん
- どんな体験…カレーライスを作った

中

- 体験（カレーライスを作るじゅんじょ）

はじめに何があったか

①（　　）を切る。

次に何があったか①

②切った具ざいを（　　）。

次に何があったか②

③（　　）を入れて、具ざいが（　　）なるまでにこむ。

さいごにどうしたか

④カレールウを入れて、さらに（　　）できあがり。

終わり

- 体験して思ったこと・感想

自分で切った具ざいは、大きかったり小さかったりしたけれど、味《あじ》はおいしかった。

今度《こんど》は、もっとおいしく作れるようになりたい。

2 上の〈ゆいさんの作文メモ〉を見て、〈ゆいさんの作文〉の（　）に合う言葉を書きましょう。うすい字はなぞりましょう。

〈ゆいさんの作文〉

わたしは、先週の日曜日に、（　　）で、（　　）とカレーライスを（　　）。

カレーライスを作る時は、（まず）、具ざいを（　　）切ります。（次に）、切った具ざいをいためます。（それから）、水を入れて、具ざいがやわらかくなるまで（　　）。（さいごに）、カレールウを入れて、さらにこんだら、できあがりです。

自分で切った具ざいは、（　　）したけれど、味はおいしかったです。

今度は、もっとおいしく作れるように（　　）。

29 体験《たい》《けん》したことを書く②

出来事《できごと》をじゅんじょどおりに書く

体験したことを作文にするときは、起《お》こった出来事をじゅんじょどおりに書いていきましょう。

◆じゅんじょを表《あらわ》す言葉《ことば》

はじめに何があったか	はじめに／まず／さいしょに　など
次《つぎ》に何があったか	次に／それから そして／～した後で　など
さいごにどうしたか、どうなったか	さいごに／終《お》わりに　など

れい
・まず、具《ぐ》ざいを切ります。
・次に、切った具ざいをいためます。
・それから、水を入れて、具ざいがやわらかくなるまでにこみます。
・さいごに、カレールウを入れて、さらににこんだらできあがりです。

文のはじめにこれらの言葉があると、出来事のじゅんじょがわかりやすくせつ明できるんだね！

❶ あなたの〈作文メモ〉を作りましょう。

〈作文メモ〉

はじめ
・いつ
・どこで
・だれと
・どんな体験

中
・はじめに何があったか
・次に何があったか
・さいごにどうしたか
・体験

終わり
・体験して思ったこと・感想《かんそう》

2 右ページの1の〈作文メモ〉を見て、文章を書きましょう。うすい字はなぞりましょう。

はじめ

中

じゅんじょを表す言葉を使《つか》って、書こう。
・はじめに
・次に
・それから
・さいごに
など

終わり

はじめに、

30 地いきの活動《かつどう》について書く①

地いきの活動についてつたえる作文の書き方

お祭《まつ》りやボランティア活動など、地いきの行事《ぎょうじ》や活動にさんかしたり、地いきの人と交流《こうりゅう》したりしたことを作文に書きましょう。
次《つぎ》のような〈作文メモ〉を作りましょう。

〈作文メモ〉

はじめ	いつ、どこで、どんな活動をしたか
中	・活動にさんかしたときの様子《ようす》 ・さんかしているときの出来事《できごと》 ・地いきの人たちの様子
終《お》わり	さんかして思ったこと・感想《かんそう》

① はるとさんが、地いきのお祭りにさんかしたことについて〈作文メモ〉を作りました。次のまん画を見て、左ページの〈はるとさんの作文メモ〉の（　）に合う言葉《ことば》を書きましょう。

〈はるとさんの作文メモ〉

はじめ
- いつ　夏休み中、八月二十日
- どこ　家の近くの神社《じんじゃ》のお祭り
- 何をした　子どもみこしにさんかした。

中
- 活動にさんかしたときの様子・出来事
- 町内に住む小学生が、（　　　　）ほど集まっていた。
- ①　町内会の大人たちが（　　　　）になって、いろいろと教えてくれた。
- ②　子どもみこしをひいて、二十分くらい町内を（　　　　）。
- （　　　　）くると、おかしや飲み物が用意されていて、みんなよろこんでいた。

終わり
- さんかして思ったこと・感想
- みこしをひいていると、町の人たちが、「がんばれ！」と、声をかけてくれたので、とても力がわいた。
- 来年もかならずさんかしたいと思う。

---

2 はるとさんは　上の〈作文メモ〉を見直して、①・②の様子を、くわしく書き直しました。

① ・町内会の大人たちが世話役になって、子どもたちに、子どもみこしのひき方を教えたり、じゅん番を指《し》じしたりしました。

② ・子どもみこしをひいて、二十分くらいかけて町内のいろいろな地区《ちく》を回って、神社の空き地にもどった。

次の〈はるとさんの作文〉の（　）にあてはまる言葉を書きましょう。うすい字はなぞりましょう。

〈はるとさんの作文〉

ぼくは、夏休み中の八月二十日に、家の近くの神社のお祭りで、子どもみこしにさんか（しました）。
（子どもみこしには）、町内に住む小学生が十人ほど集まっていました。はじめに、町内会の大人たちが世話役になって、
［　　　　　　　　］
しました。それから、子どもみこしをひいて、二十分くらいかけて
（　　　　　　　　）
もどってきました。もどってくると、おかしや飲み物が用意されていて、みんなよろこんでいました。
　みこしをひいていると、町の人たちが、
「がんばれ！」
と声をかけてくれたので、とても力がわきました。来年もかならずさんかしたいと思います。

31 地いきの活動《かつどう》について書く ②

1 地いきの活動にさんかしたことを作文に書きます。あなたの〈作文メモ〉を作りましょう。

はじめ	中	終《お》わり
・いつ ・どこ ・何をした	・活動にさんかしたときの様子《ようす》・出来事《できごと》・地いきの人たちの様子	・さんかして思ったこと・感想《かんそう》

〈作文メモ〉を見直して、もう少しくわしく書いたほうがよいと思ったところは、ここに書こう。

2 右ページの1の〈作文メモ〉を見て、文章を書きましょう。

はじめ

中

終わり

32 かんさつしたことを文章《ぶんしょう》に書く①

生《い》き物《もの》や植物《しょくぶつ》をかんさつして、わかったことをせつ明する文章を書きます。

かんさつメモのまとめ方

① かんさつする物を決《き》めよう。

② かんさつして、気になったところを記ろくして、〈かんさつメモ〉を作ろう。

③ はじめ・中・終《お》わりの内ようのじゅんに、メモをならべよう。

はじめ	・かんさつしたきっかけ・理由《りゆう》
中	・かんさつメモの内よう
終わり	・かんさつして、わかったこと ・かんさつして、思ったこと・感想《かんそう》

④ ならべかえたメモをもとに、文章を書こう。

どんなふうに〈かんさつメモ〉を作るのか、はるとさんのメモを見てみよう！

はるとさんは，どうしてミニトマトをかんさつすることにしたの？

いつも食べるミニトマトが，どんなふうに実《み》をつけるのか知りたくて，自分で育《そだ》てて，かんさつすることにしたんだよ。

なるほど！それがミニトマトをかんさつした理由だったんだね。これはメモに書いておこう。

かんさつしたきっかけ

・いつも食べているミニトマトが，どのように実をつけるのか知りたい。

1 〈8月1日のミニトマト〉のイラストを見て、8月1日の〈はるとさんのかんさつメモ〉の（　）に合う言葉《ことば》を書きましょう。うすい字はなぞりましょう。

〈はるとさんのかんさつメモ〉

6月1日(木)はれ
- ミニトマトのなえを庭《にわ》に植《う》えた。
- なえには，黄色の花が1つさいている。
- 葉《は》が10まいほどついている。

6月24日(土)くもり
- 花は，星の形のように先がとがっている。
- 花の大きさは，2センチメートルくらいだ。
- 全部《ぜんぶ》で10こさいている。
- まだつぼみの花は5こあった。

7月10日(月)くもり
- 花がかれてから10日くらいで，緑《みどり》色の実がついた。
- 実はまだ小さい。

7月25日(火)くもり
- なえを植えてから，55日目。
- 緑色の実が8こできていたが，大きさはばらばらで，いちばん大きいものはビー玉くらいあった。
- 緑色の実はつるつるしていて，赤いトマトと同じにおいがした。

8月1日(火)はれ
- まだ緑色の実と，（もう）赤くなった実がある。
- （　　　）なっていた実をすぐ食べてみた。
- 色は赤いけど，まだ（　　　　）。
- あまくなるまで，もう少し（待つ）ことにした。

〈8月1日のミニトマト〉

生き物をかんさつするときには，
・形　・大きさ(長さ)　・数　・色
・さわった感《かん》じ　・音
・動《うご》き　・におい
などに注目《ちゅうもく》してメモしよう。

33

かんさつしたことを文章《ぶんしょう》に書く②

❶ はるとさんは、〈かんさつメモ〉をはじめ→中→終《お》わりのじゅんにならべて、〈かんさつ文〉を書きます。

〈はるとさんのかんさつメモ〉

はじめ

かんさつしたきっかけ

・いつも食べているミニトマトが，どのように実《み》をつけるのか知りたい。

中

6月1日(木)はれ
・ミニトマトのなえを庭《にわ》に植《う》えた。
・なえには，黄色の花が1つさいている。
・葉《は》が10まいほどついている。

6月24日(土)くもり
・花は，星の形のように先がとがっている。
・花の大きさは，2センチメートルくらいだ。
・全部《ぜんぶ》で10こさいている。
・まだつぼみの花は5こあった。

7月10日(月)くもり
・花がかれてから10日くらいで，緑《みどり》色の実がついた。
・実はまだ小さい。

7月25日(火)くもり
・なえを植えてから，55日目。
・緑色の実が8こできていたが，大きさはばらばらで，いちばん大きいものはビー玉くらいあった。
・緑色の実はつるつるしていて，赤いトマトと同じにおいがした。

8月1日(火)はれ
・まだ緑色の実と，もう赤くなった実がある。
・赤くなった実をすぐ食べてみた。
・色は赤いけれど，まだすっぱかった。
・あまくなるまで，もう少し待つことにした。

終《お》わり

まとめ
・花がかれたところに実ができることを知って，びっくりした。
・実が赤くなっても，すぐにはあまくならないことがわかった。

(1　右ページの〈はるとさんのかんさつメモ〉を見て、〈はるとさんのかんさつ文〉の（　）に合う言葉《ことば》を書きましょう。うすい字はなぞりましょう。

〈はるとさんのかんさつ文〉

はじめ

ミニトマトの花が実になるまで

木本《きもと》　はると

1. かんさつしたきっかけ

ぼくは，いつも食べているミニトマトが，（どのように）実をつけるのか知りたかったので，ミニトマトをかんさつすることにしました。

中

2. かんさつしたこと

(1)ミニトマトの花──星の形（のように）先がとがっていて，大きさは2センチメートルくらいです。

(2)ミニトマトの実──花がかれたところに実がつきました。なえを植えてから（　　　　）目に，緑色の実が8こできていた。緑の実はつるつるしていて，赤いトマトと同じ（　　　　）がしました。

赤くなった実をすぐに食べると，（まだ、　　　　）。

終わり

3. まとめ

自分でミニトマトをさいばいしてみたら，花がかれたところに実ができることがわかって，びっくりしました。実が赤くなっても，すぐには（　　　　）。

はるとさんは，見出しに数字を入れて，内ようのまとまりをわかりやすくしているよ。

34 調《しら》べたことをほうこくする①

調べてわかったことをほうこくする文章《ぶんしょう》の書き方

知りたいことや気になったことについて調べ、わかったことをほうこくする文章を書きます。

① 調べたいことを見つけよう。

① ふしぎに思うことや気になることを集《あつ》める。
② その中で、とくに調べたいことを決《き》める。
③ どうして調べたいと思ったのか、理由《りゆう》を〈メモ〉しておく。

② 調べる方ほうを決めよう。

・本やしりょうで調べる	知りたいことについての本やしりょうを、図書館《としょかん》などに行ってさがして読む。
・人に聞く	先生やせんもん家など、くわしく知っている人に聞く。
・インターネットで調べる	知りたいことについての言葉《ことば》をけんさくエンジンに入力して調べる。
・かんさつする	調べるものをよく見たりさわったりして、気づいたことを記ろくする。

③ 調べたことを〈メモ〉に書こう。

調べてわかったことと感想《かんそう》は分けてメモする。

---

1 次《つぎ》の文は、どの調べ方について書いたものでしょうか。ア～エからえらんで、（　）に記号《きごう》を書きましょう。

(1) 知りたいことについての言葉をけんさくエンジンに入力して調べる。（　）

(2) 調べるものをよく見たりさわったりして、気づいたことを記ろくする。（　）

(3) 知りたいことについての本やしりょうを、図書館などに行ってさがして読む。（　）

(4) 先生やせんもん家など、くわしく知っている人に聞く。（　）

ア 本やしりょうで調べる。
イ かんさつする。
ウ 人に聞く。
エ インターネットで調べる。

④〈メモ〉を整理しよう。

① 内ようのまとまりごとに、メモをならべる。

② 内ようのまとまりに、見出しをつける。

⑤〈メモ〉をもとに文章を書こう。

れい ゆいさんの文章を見てみましょう。

わたしは、セミのことでも、とくに「セミの鳴く時間」について調べることにしたよ。

太字のところが「見出し」だね！

> セミはいつ鳴いているのか
>
> 3年2組　太田《おおた》　ゆい
>
> **1．調べた理由**
>
> わたしは，セミの鳴き声がよく聞こえる時間と，聞こえない時間があることに気がつきました。そこで，セミが鳴く時間について調べることにしました。
>
> **2．調べ方**
>
> まず，家の近くでセミの鳴き声がする時間をメモしました。それから，図書館に行って，セミについて調べました。
>
> **3．調べてわかったこと**
>
> (1)ミンミンゼミ
>
> 朝8時半ごろから昼の2時半ごろまで鳴くそうです。…(りゃく)…本によると，セミはしゅるいによって，鳴く時間がちがうことがわかりました。
>
> **4．調べた感想**
>
> ほかのセミが鳴く時間も，調べたいと思いました。

---

2 次の文章の□には見出しが入ります。ア〜エからえらんで、（　）に記号を書きましょう。

(1)（　　）

(2)（　　）

(3)（　　）

(4)（　　）

ア　調べてわかったこと

イ　調べた感想

ウ　調べた理由

エ　調べ方

本で調べたときは、調べた本の題名《だいめい》などもメモしておこう。

> ツバメはどうしていどうするのか
>
> 3年3組　川合《かわい》　こうすけ
>
> 1．［ (1) ］
>
> ぼくは，学校に毎年やって来るツバメについて調べました。どうしてかならず春にやって来るのか知りたかったからです。
>
> 2．［ (2) ］
>
> まず学校の先生に聞いてみました。すると，図書館にある本を教えてくれたので，その本で調べました。
>
> 3．［ (3) ］
>
> (1)エサ
>
> 春から秋ごろまで，ツバメのいるねったい雨林では，ツバメのエサになる虫があまりいないそうです。そのため，その時期《じき》にエサがたくさんある日本にとんで来ることがわかりました。…(りゃく)…
>
> 4．［ (4) ］
>
> ツバメが日本でたくさんエサを食べて，元気に帰れるといいなと思いました。

35 調《しら》べたことをほうこくする②

調べたことをほうこくする作文の組み立て方

〈組み立て方のれい〉のように、文章を組み立てると、読んでいる人にわかりやすくつたわります。

〈組み立て方のれい〉

題名《だいめい》

名前

1. 調べた理由《りゆう》
2. 調べ方
3. 調べてわかったこと
   (1)ミンミンゼミ
   (2)アブラゼミ
   ……
4. 調べた感想《かんそう》

調べてわかったことは、しゅるいや理由ごとに整理《せいり》するとわかりやすいよ。

❶ 〈かなさんのメモ〉を見て、次《つぎ》のページの〈かなさんのほうこく文〉の（　）に合う言葉《ことば》を書きましょう。うすい字はなぞりましょう。

〈かなさんのメモ〉

題名（調べること）
・学校にある，葉《は》の色がかわって落《お》ちる木のしゅるいは何か。

・学校にある木には，葉の色がかわって葉が落ちる木と，葉が緑《みどり》色のままで葉が落ちない木がある。
・色がかわって葉が落ちる木のしゅるいを知りたいと思った。

●イチョウ
・秋に葉が黄色くなる。
・ぎんなんという実《み》をつける。

・学校には3しゅるいの，葉の色がかわって葉が落ちる木があった。
・葉の色がかわって葉が落ちる木の中でも，しゅるいによって葉の色がちがうことがわかった。

●ケヤキ
・秋に葉が黄色，赤色，だいだい色になる。
・葉の色は，木によってちがう。

・同じしゅるいの木でも，葉がちがう色にかわる木もあることをはじめて知り，おどろいた。

・学校に植《う》えられている木の名前を先生に聞いた。
・図書館《としょかん》の植物《しょくぶつ》図かんで，教えてもらった木について調べた。

●ソメイヨシノ
・秋に葉が赤くなる。
・さくらのしゅるいの一つ。

出典《しゅってん》・さん考しりょう
『植物図かん　秋』（2020年，〇〇社）

メモのじゅん番は、バラバラになっているよ。〈かなさんのほうこく文〉をよく見て、どのメモから書かれているかかくにんしよう。

「出典・さん考しりょう」には、使《つか》った本やしりょうの題名、発行《はっこう》された年、発行した所《ところ》などを書くよ。調べたときにメモしておこう。

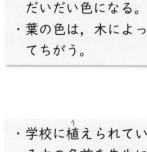

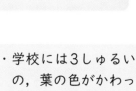

〈かなさんのほうこく文〉

学校にある，葉の色がかわって落ちる木のしゅるい

3年1組　平野　かな

1．調べた理由

学校にある木には，葉の色がかわって落ちる木と，葉の色がそのままで落ちない木があります。わたしは，葉の色がかわって落ちる木のしゅるいを（　　　　　　）と思ったので，調べました。

2．調べ方

（まず），植えられている木の名前を先生に聞きました。

（それから），図書館の植物図かんで，教えてもらった木について（　　　　　　）。

3．調べてわかったこと

(1)イチョウ

秋に葉が黄色くなります。ぎんなんという実をつけます。

(2)（　　　　　　）

秋に葉が赤くなります。さくらの木のしゅるいの一つです。

(3)ケヤキ

秋に葉が黄色，赤色，だいだい色になります。（　　　　　　）。

(4)まとめ

学校には3しゅるいの葉の色がかわって葉が落ちる木がありました。その中でも，しゅるいによって葉の色がちがうことがわかりました。

4．調べた感想

ケヤキ（のように），同じしゅるいの木でも，木によって葉の色がかわるものもあることをはじめて知り，おどろきました。

〈出典《しゅってん》・さん考しりょう〉

『植物図かん　秋』（2020年，〇〇社）

36 ポスターを作る①

ポスターが知らせたいことの読《よ》み取《と》り方

ポスターは、商品《しょうひん》のせんでんや、きまりやマナーのよびかけ、もよおしや行事《ぎょうじ》のあん内などの知らせたいことを一まいの紙にまとめたものです。

言葉《ことば》や写真《しゃしん》、絵などを組み合わせて、人の注意《ちゅうい》を引きつけるくふうをしている。

ポスターが作られた目てきや、つたえたい相手《あいて》を考えて、内ようを読み取ろう。

〈ポスターのれい①〉

キャッチコピー
読み手を引きつける言葉。
手をきれいに
6月1日～6月14日は
校内えい生週間
期間《きかん》
知らせたいこと
絵や写真
このポスターでは，手をあらっている様子《ようす》を大きくあつかって，ひと目で内ようがつたわるようにくふうしている。

① 次《つぎ》の二つのポスターは、それぞれ同じもよおしをつたえています。どんなちがいがあるか見て、後の問題《もんだい》に答えましょう。

ア

チューリップ祭り
きれいにさいて，待《ま》ってるよ
4月10日・11日・12日
会場：〇〇市立中央《ちゅうおう》公園
もよおし：ショー
（10時から）
出店，花火大会（19時から）
中央公園
市役所

イ

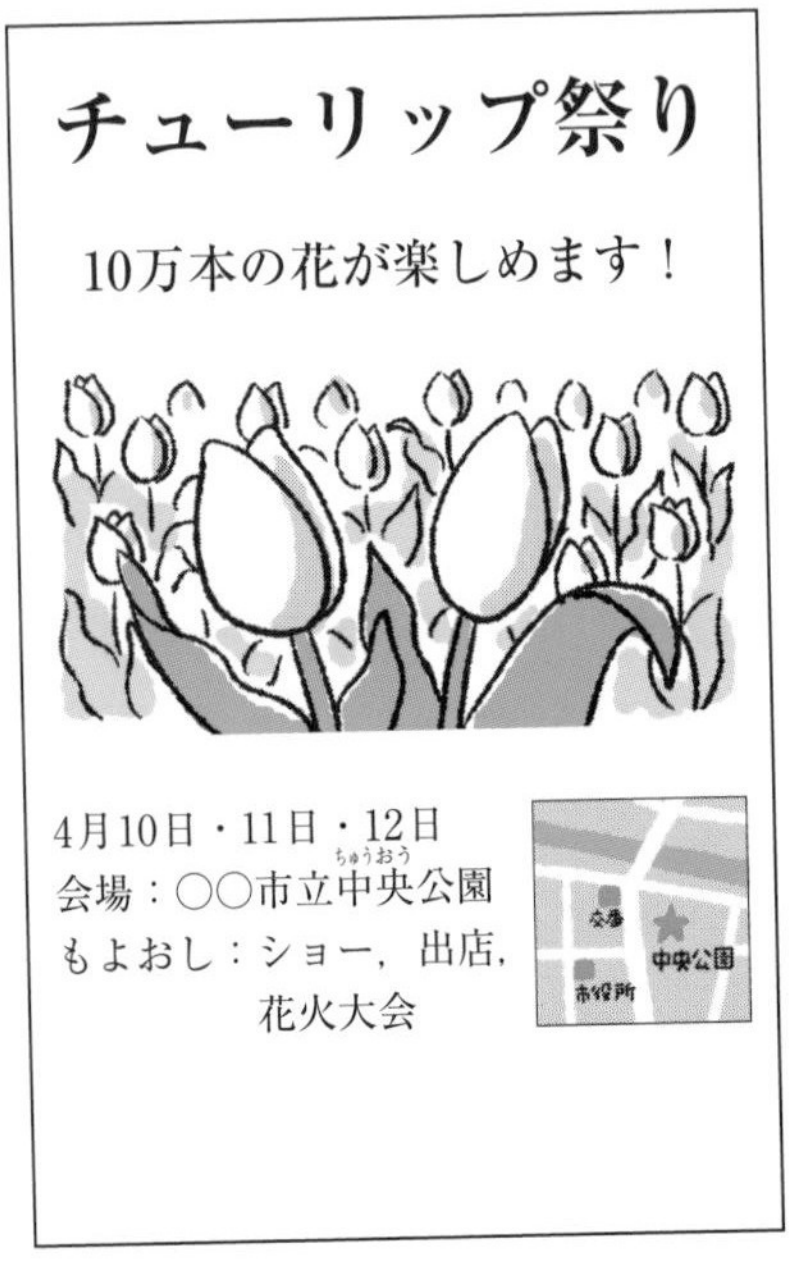
チューリップ祭り
10万本の花が楽しめます！
4月10日・11日・12日
会場：〇〇市立中央《ちゅうおう》公園
もよおし：ショー，出店，
花火大会
中央公園
市役所

ふだん、なにげなく見ているポスターだけど、よく見るといろいろなくふうがわかるね！
〈ポスターのれい②〉
知らせたいこと
○○小学校　運動会《うんどうかい》
日時：10月5日(土)午前9時
場所：○○小学校　運動場
日時・場所《ばしょ》
絵や写真
一生けん命《めい》走っているすがたから，運動会の様子がつたわる。
〈ポスターのれい③〉
知らせたいこと
○○商店街《しょうてんがい》
子ども祭《まつ》り
9月13日・14日　○○商店街にて
わたあめ
日時・場所
楽しいイベントもりだくさん！
キャッチコピー
絵や写真
お祭りの楽しいふんい気がつたわる。

(1) ア・イは、何をつたえるポスターですか。

［　　　　　　　　　　］

(2) ア・イのポスターについて、合うほうの言葉を○でかこみましょう。

① アは、丸っぽい文字で｛かたい／やわらかい｝感《かん》じがする。

② イは、人物《じんぶつ》がいないので、｛にぎやかな／落《お》ち着《つ》いた｝感じがする。

③ イのキャッチコピーは、もよおしについてくわしくせつ明して｛いる／いない｝。

④ アは、もよおしの時間が出ているので、見る人に｛親切だ／わかりにくい｝。

二つのポスターを見くらべて、ちがいを見つけよう！

37 ポスターを作る②

❶ ゆいさんたちは、校内の「読書週間」に使《つか》うポスターを作ります。どんなポスターにするか、話し合った内ようを〈メモ〉にまとめました。〈メモ〉の（　　）に合う言葉《ことば》を書きましょう。

読書週間が、いつからいつまでかを書かないといけないね。

読書の楽しさをつたえたいな。図書室にはたくさんおもしろい本があるよ。

そうだね。ふだん本を読まない人も、本を手にとってほしいな。だれにでも自分に合った本があるということをキャッチコピーにしたいよ。

ポスターには、学年にかん係《けい》なく親しめる絵があるといいね。

動物《どうぶつ》をイラストにしたらどうだろう。

動物が楽しそうに本を読んでいるところがいいんじゃないかな。

〈メモ〉

・ポスターに書くこと
読書週間…十一月五日～十一月十九日

・つたえたいこと
・読書の（　　）をつたえたい。
・図書室にはたくさんおもしろい本がある。
・だれにでも自分に合った本がある。

・キャッチコピー

・ポスターのイラスト
（　　）にかん係なく親しめるように、
（　　）
絵を入れる。

ゆいさんたちの意見《いけん》で作るポスターは、どんなポスターになるのかな？

2 **1**で、ゆいさんたちが話し合った内ようのポスターを作ります。

話し合いの内ようをもとに作ったよ。

〈ポスター〉

ここにキャッチコピーを書こう！

上町《かみまち》小学校

校内読書週間　11月5日～19日

オ

(1) 次《つぎ》のア～エから、キャッチコピーとして合っているものをえらび、〈ポスター〉の□にキャッチコピーを書きましょう。

ア　読書でひらく、君の未来《みらい》！

イ　ここには、君のための本がある

ウ　読み聞かせは、心を温《あたた》める

エ　世界《せかい》を広げる、読書のとびら

(2) 〈ポスター〉のオに合う絵を次からえらんで、□に○を書きましょう。

□ 

□ 

ゆいさんたちが話し合って決《き》めたのは、どちらの絵だったかな？

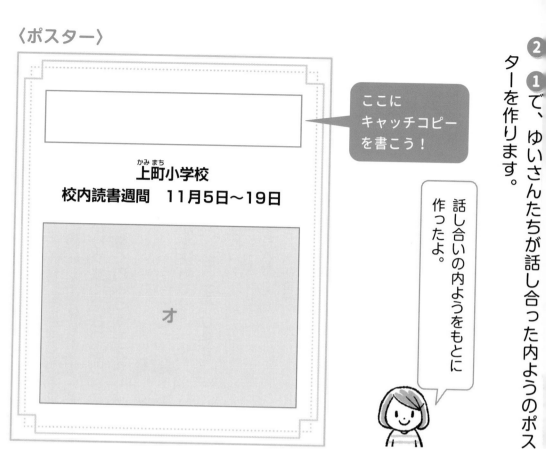

38 しょう待《たい》する手紙を書く

運動会《うんどうかい》や発表会《はっぴょうかい》などにしょう待する手紙の書き方

見に来てほしい人にわかりやすく、ひつようなことがつたわるように、手紙に書く内ようを考えましょう。

だれに、何をつたえるかを決《き》めて、次《つぎ》のような内ようで〈手紙のメモ〉を作ります。

〈はるとさんの手紙のメモ〉

だれに(相手《あいて》)	おじいさんとおばあさん(大川《おおかわ》けんいち、大川春子《はるこ》)
行事《ぎょうじ》	音楽会
いつ(日時)	十月八日(土曜日)午前九時から十二時
どこで(場所《ばしょ》)	上町《かみまち》小学校体育館《たいいくかん》
自分がすること	合そうと合しょう
気持《きも》ち	友だちとたくさん練習《れんしゅう》したので、見に来てほしい。

1 次の〈ひろみさんの手紙のメモ〉を見て、〈ひろみさんの手紙〉の(　)に合う言葉を書きましょう。

〈ひろみさんの手紙のメモ〉

相手	いつも通学路《ろ》でゆうどうしてくれる、高山《たかやま》けい子さん
行事	運動会
いつ(日時)	十月十五日(土曜日)午前九時から十二時まで
どこで(場所)	朝日《あさひ》小学校グラウンド
自分がすること	五十メートル走、大玉送《おく》り、ダンス
気持ち	どれも力いっぱいがんばるので、ぜひ見に来てほしい。

〈ひろみさんの手紙〉

はじめのあいさつ

高山さん、こんにちは。
家の前の通学路で、いつもゆうどうしてもらっている、内村《うちむら》ひろみです。

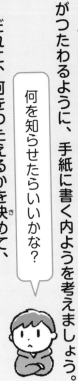

はるとさんが、メモをもとに書いた手紙を見てみよう！

はじめのあいさつ
おじいさん、おばあさん、お元気ですか。ぼくは元気です。

行事
今度《こんど》、ぼくの通う小学校で音楽会が開《ひら》かれますので、ごあん内します。

日時
日時　十月八日(土曜日)
午前九時から十二時まで

場所
場所　上町小学校の体育館

自分がすること
ぼくは、リコーダーの合そうと、「春の小川」「エーデルワイス」の二曲《きょく》を合しょうします。
毎日、友だちとたくさん練習しています。

気持ち
ぜひ、見に来てください。

書いた日
九月二十三日

自分の名前
木本《きもと》　はると

相手の名前
大川けんいち様《さま》、大川春子様

手紙は、ていねいな言葉《ことば》を使《つか》って、読みやすい字でていねいに書こう！

行事
今度、わたしが通う小学校で（　　）がありますので、ごあん内します。

日時
日時〔　　〕

場所
場所〔　　〕

自分がすること
わたしは、五十メートル走と、（　　）、ダンスに出ます。
毎日、友だちと練習しています。

気持ち
どれも力いっぱいがんばるので、（　　）。

書いた日
九月二十六日

自分の名前
内村　ひろみ

相手の名前
（　　）様

39 お礼《れい》の手紙を書く

お礼の気《き》持《も》ちをつたえる手紙の書き方

手紙は、「だれに」「何をつたえたいか」によって、書く内ようや言葉《ことば》づかいがかわります。

〈お礼の手紙の組み立て〉

はじめのあいさつ	・きせつの言葉 ・自こしょうかい
本文（つたえたいこと）	・何に感《かん》しゃしているか
むすびのあいさつ	・感しゃの気持ち
後づけ	・書いた日 ・自分の名前 ・相手《あいて》の名前

お礼の手紙も、メモにしてから書くと書きやすいよ！手紙に書く内ようをかくにんしよう。

❶ 次《つぎ》の〈なつみさんの手紙のメモ〉を見て、〈なつみさんの手紙〉の（　）に合う言葉を書きましょう。うすい字はなぞりましょう。

なつみさんは、運動会《うんどうかい》を見に来てくれた、となりの家のおばさんに、お礼の手紙を書いたよ。

〈なつみさんの手紙のメモ〉

だれに	となりの家のおばさん （内田《うちだ》あけみ様）
はじめのあいさつ	・秋も深《ふか》まってきました。
本文	・先週の運動会に来てくれて、うれしかった。 ・わたしがリレーで走っているとき、おうえんしてくれたので、がんばれた。
むすびのあいさつ	・おいそがしい中、来てくださって、ありがとうございました。 ・寒《さむ》くなってきたので、お体に気をつけてください。

お礼の手紙に何を書けばいいか、手紙のれいで、くわしく見てみよう。

〈見学のお礼を書いた手紙のれい〉

きせつの言葉

何に感しゃしているか

感しゃの気持ち

書いた日

相手の名前

新緑《しんりょく》がきれいなきせつになりました。南《みなみ》けいさつしょのみなさまは、お元気でしょうか。

ぼくは、先日南けいさつしょを見学させていただいた、南町《みなみまち》小学校の青山《あおやま》しゅんたです。

ふだんは見ることのできない仕事《しごと》の様子《ようす》をしょうかいしていただき、とても勉強《べんきょう》になりました。

みなさまが、わたしたちの生活の安全《あんぜん》のために、いろいろな仕事をしてくださっていることを知りました。

おいそがしい中、見学をさせていただき、ありがとうございました。

お体に気をつけて、これからもお仕事をがんばってください。

五月二十三日

南町小学校　青山　しゅんた

南けいさつしょ
林《はやし》だいすけ様《さま》

自己しょうかい

自分の名前

ていねいな言葉で、感しゃの気持ちを書いているね！

〈なつみさんの手紙〉

きせつの言葉

自己しょうかい

本文（つたえたいこと）

むすびのあいさつ

後づけ

（秋も深まってきました）。

お元気ですか。

わたしは、先週の運動会に内田さんをしょう待《たい》した、本町《ほんまち》小学校の坂本《さかもと》なつみです。

運動会に来てくださって、とても（　　）。リレーで走っていたときに、（おうえんしてくださったので）、がんばれました。

おいそがしい中、来てくださって、（　　）。寒くなってきたので、お体に（　　）。

十月二十日

本町小学校　坂本　なつみ

内田あけみ様

運動会に来てくれたことへの感しゃの気持ちがつたわる手紙になっているね！

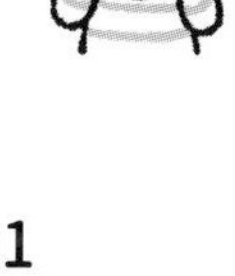

40 暑《しょ》中《ちゅう》見まいや年がじょうを書く

暑中見まいの書き方

夏の暑《あつ》い時期《じき》に出す、「暑中見まい」というはがきがあります。
暑中見まいのはがきの書き方を見てみましょう。

〈はづきさんの暑中見まい〉

暑中お見まい申《もう》し上《あ》げます

毎日暑いですが、先生はお元気ですか。
わたしは、家族《かぞく》で母の実家《じっか》の福島《ふくしま》に遊《あそ》びに行きました。
とても楽しかったです。
また、学校でお会いできるのを楽しみにしています。

八月五日

山下《やました》　はづき

暑中見まいのあいさつの言葉《ことば》

つたえたいこと

自分の名前

書いた日

「あいさつの言葉」は、ほかの文章《ぶんしょう》よりも大きめに書こう！

1 次《つぎ》の、〈りおさんの暑中見まい〉の（　）に合う言葉を書きましょう。うすい字はなぞりましょう。

〈りおさんの暑中見まい〉

（　　　　　　）

（暑い日）がつづいていますが、おじいさんはお元気ですか。
今年の夏休みは、おじいさんの家に遊びに行けないので、こうしておたよりを出すことにしました。
くれぐれも、（お体に気をつけて）元気でおすごしください。

七月二十五日

村田《むらた》　りお

「暑中見まい」は、七月七日ごろから、八月七日ごろまでに出すよ。この期間《きかん》をすぎたら、「残暑《ざんしょ》見まい」になるので、気をつけよう！

年がじょうの書き方

正月のあいさつで出すはがきは、「年がじょう」といいます。
年がじょうのはがきの書き方を見てみましょう。

〈なおとさんの年がじょう〉

明けましておめでとうございます

今年は、サッカーチームでレギュラーになって、し合《あい》にたくさん出られるようにがんばります。

今年もどうぞよろしくおねがいします。

令和《れいわ》六年　元旦《がんたん》

年がじょうのあいさつの言葉

つたえたいこと

むすびの言葉

年号

年がじょうは、ふつう正月前に書くけれど、とどくのは正月すぎなので、「今年《ことし》」と書こう。

② 次の、〈ゆうやさんの年がじょう〉の（　）に合う言葉を書きましょう。うすい字はなぞりましょう。

〈ゆうやさんの年がじょう〉

（　　　　）

（今年は）、水泳《すいえい》大会で入賞《にゅうしょう》できるようにがんばりたいと思っています。

今年もよろしくおねがいします。

（　　　　）

令和六年

（　　　　）

年がじょうには、その年の目ひょうや決意《けつい》、やってみたいことなどを書くよ。

はがきには、書いた事《こと》がらや、正月にかん係《けい》のある絵をかいてもいいね。

41 手紙やはがきのあて名を書く

はがきのあて名の書き方

はがきのあて名の書き方をおぼえましょう。

〈はがき〉

郵《ゆう》便《びん》はがき

114-0002

東京都《とうきょうと》北区《きたく》○○町七丁目一―一
木村《きむら》マンション二〇三

森《もり》下《した》　ゆうすけ　様《さま》

切手

東京都北区△△町五丁目三―一
小川《おがわ》　さとし

115-0045

相手《あいて》の住所《じゅうしょ》

相手の名前

自分の住所と名前

・相手の名前…中央《ちゅうおう》に大きめに書く。
・相手の住所…右がわに書く。住所が長いときは、区《く》切《ぎ》りのよいところで行をかえる。
・自分の住所と名前…切手の下に書く。相手の住所と名前よりも小さく書く。

---

❶ あなたの友だちや先生、親せきあてに、はがきで送《おく》るときのあて名を書いてみましょう。

〈はがき〉

郵便はがき

切手

相手の名前をいちばん大きく書くよ。
文字のバランスに気をつけて書こう！

ふう書のあて名の書き方

ふう書のあて名の書き方をおぼえましょう。

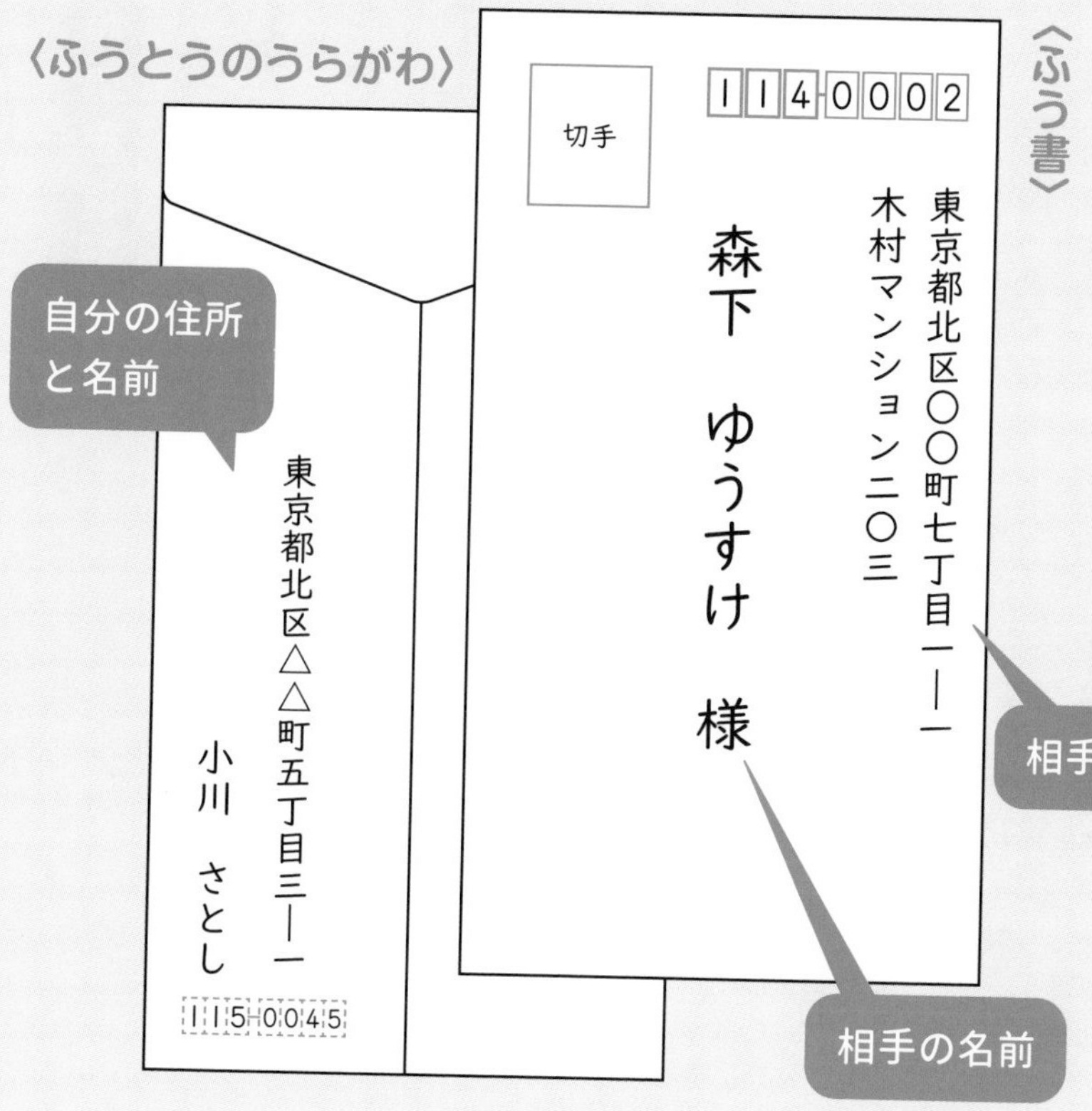
〈ふう書〉
114-0002
切手
東京都北区〇〇町七丁目一―一
木村マンション二〇三
森下　ゆうすけ　様
相手の住所
相手の名前
〈ふうとうのうらがわ〉
自分の住所と名前
東京都北区△△町五丁目三―一
小川　さとし
115-0045

・自分の住所と名前…ふうとうのうらに書く。

2 あなたの友だちや先生、親せきあてに、ふう書で送るときのあて名を書いてみましょう。

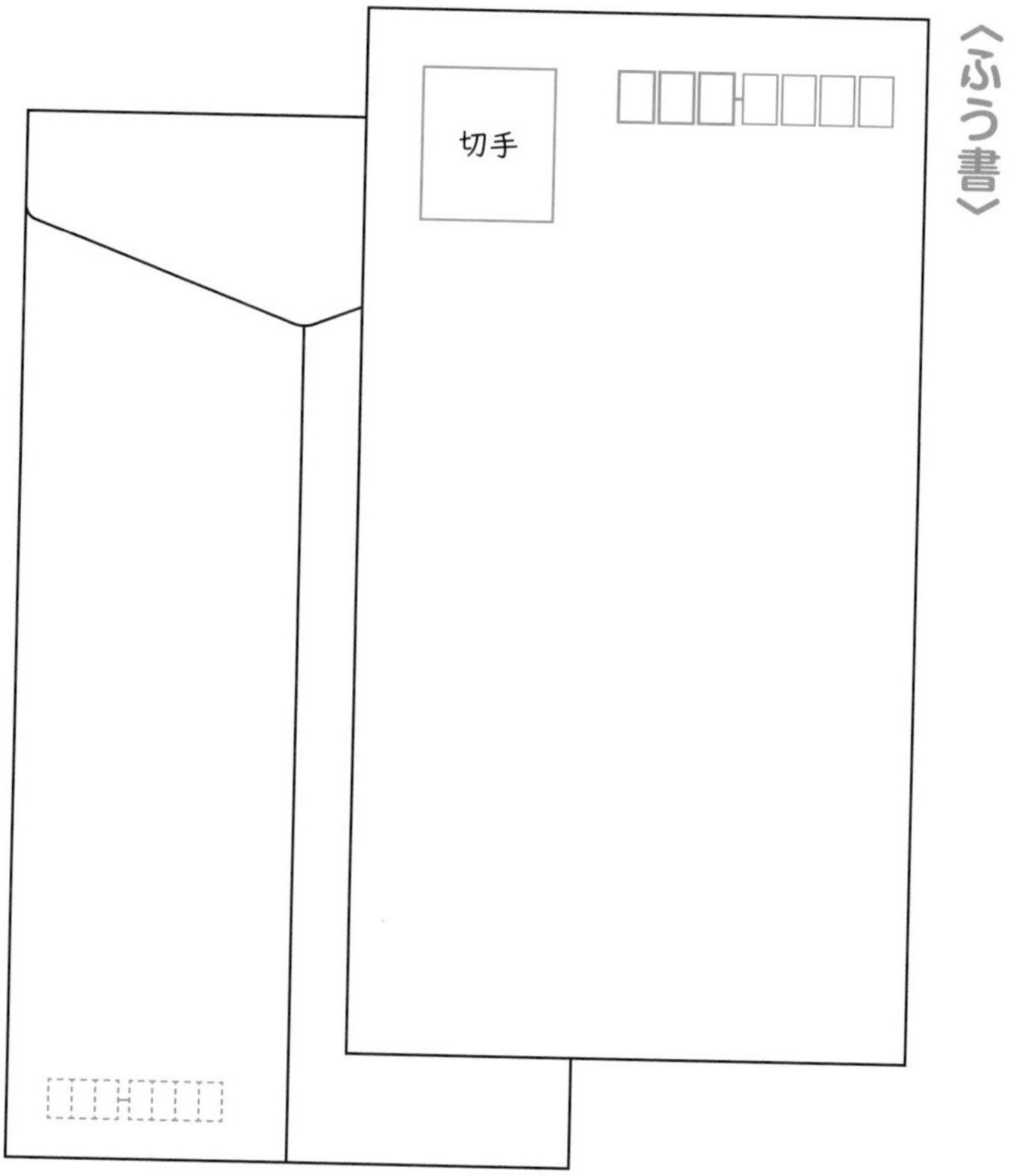
〈ふう書〉
切手

ていねいに書けたかな?

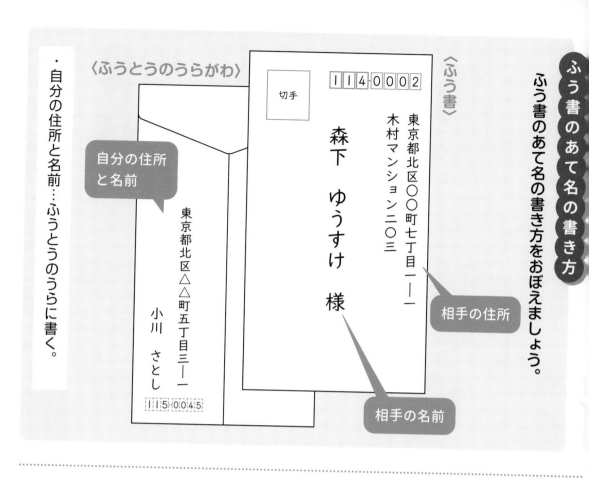

詩《し》を作る①

見たり聞いたり体験《たいけん》したりしたことで、心に強く感《かん》じたことを、詩に書きましょう。

詩…心に感じたことを、短《みじか》い言葉《ことば》で自由《じゆう》に書いたもの。

詩の書き方

① 心に感じたこと、心が動《うご》いたことを思い出そう。

れい ふわふわのかき氷《ごおり》を食べて、おいしかった。

② 詩で使《つか》う言い方をおぼえよう。

◆たとえる言い方 れい・羊《ひつじ》のような雲。
（雲の様子《ようす》を羊にたとえる。）

◆くり返《かえ》す言い方 れい・小さな小さな魚の目。
（「小さな」という言葉をくり返して意味《いみ》を強める。）

◆言葉のじゅんじょをかえる言い方 れい・あくびをしたよ、子ねこがね。
（ふつうは、「子ねこがね、あくびをしたよ。」のじゅんになる。）

◆様子を表《あらわ》す言葉 れい・ポチャンと魚がはねる。

感動《かんどう》や様子を強めるのに役立《やくだ》つよ。

① 次《つぎ》のまん画を見て、左ページの〈ゆいさんのメモ〉の（　）に合う言葉を書きましょう。

はじめてさか上がりができたときは、すごくうれしかったな。

練習《れんしゅう》しょ日
何回やってもできないなあ。
①
次の日
②
また次の日…
もう一回、あと一回がんばろう。
③
三週間後
④
!
⑤
できた!
うれしくて、そのあと何度《なんど》も回ったよ。
⑥

〈ゆいさんのメモ〉

・心が動いたこと

はじめて（　　　　）ができたこと。

・見たことやしたこと、感じたこと

・家の近くの公園で、毎日練習した。

・回れなくて心がおれそうなときも、

「（　　　　）がんばろう。」

と、自分に言い聞かせて何度も練習した。

・練習をはじめて三週間後、いきおいよく地面《じめん》をけると、おなかが鉄《てつ》ぼうにくっついて、くるっと回った。

・さか上がりができるようになって、とても（　　　　）。

・うれしくて、何度もさか上がりをした。

〈メモ〉にまとめたよ。くるっと回ったうれしさをつたえたいな。

❷ ゆいさんの詩の（　）のうすい字をなぞって書きましょう。

詩の題名《だいめい》を書こう。

さか上がり

太田《おおた》　ゆい

さか上がり
（くるりと）回ってうれしいな
（毎日毎日）練習したよ
回れなくても　もう一回　あと一回
何度も何度も　練習したよ
練習をはじめて三週間
いきおいよく地面をけったら
おなかが　じしゃく（みたいに）
鉄ぼうにくっついた
さか上がり
（くるりと）回って（うれしいな）

「毎日」や「何度も」をくり返しているね。

「体」を「じしゃく」にたとえているね。

うれしい気持《きも》ちを表した、さいしょの部分《ぶぶん》をさいごでもくり返すことで、うれしい気持ちがよくつたわってくるね！

43 詩《し》を作る②

メモを作る

❶ あなたが強く心に感《かん》じたことや、心が動《うご》いたことを、詩に書きましょう。

◆いろいろな気持《きも》ち
・うれしい　・かわいい　・おもしろい　・悲《かな》しい
・くやしい　・おどろいた　など

心に強く感じたことをよく思い出して、使《つか》いたい言葉《ことば》をメモに書き出してみよう。

〈メモのれい〉

・外で歩きながら、温《あたた》かい肉まんを食べた。
・皮《かわ》がふわふわ。
・湯気《ゆげ》がほわほわ。
・ほっぺみたい。
・食べると体がほかほか。
・幸《しあわ》せな気持ち。

・海岸《かいがん》で真《ま》っ赤《か》な夕日がしずむところを見た。
・波《なみ》が光って、きれいだった。
・少しずつ少しずつしずむ。
・しずんだあとも、なごりおしくて、水平線《すいへいせん》をずっとながめていた。

(1) あなたの〈メモ〉を作りましょう。

〈メモ〉

・心が動いたこと

・見たことやしたこと、感じたこと

短《みじか》い言葉や文で書こう。様子《ようす》を表《あらわ》す言葉やくり返《かえ》す言葉などを使って書いてみよう。

(2) 右ページの〈メモ〉を見て、詩を書きましょう。

題名《だいめい》を書こう

名前を書こう

メモに書いた言葉を
ならべかえたり、
くり返したりして、
いろいろと
くふうしてみよう！

44 物《もの》語《がたり》を作る①

物語の組み立て方

多くの物語は、次《つぎ》のような組み立てで書かれています。

はじめ	・登場人物《とうじょうじんぶつ》、時（時期《じき》や時こく）、場所《ばしょ》など
中	・出来事《できごと》①　事件《じけん》が起《お》こる→事件が解決《かいけつ》する ・出来事②　事件が起こる→事件が解決する …
終《お》わり	・出来事（事件）のけっか、どうなったか 物語のむすび

※中の「出来事」がいくつもくり返《かえ》されて、物語がつづく。

まず、物語の内ようをいろいろと想《そう》ぞうしてみよう。見たことのある絵や写真《しゃしん》、ドラマやえい画、ゲームなどから、想ぞうをふくらませてもいいよ。
今回は、たからのありかをかいた地図を見ながら、ぼうけんをする物語を作ってみるよ。

主人公《しゅじんこう》は二人《ふたり》。地図を拾《ひろ》ったみたいだね。〈地図〉を見てみよう。

1 〈地図〉を見ながら、次のような組み立てメモを作りました。後の問題《もんだい》に答えましょう。

〈組み立てメモ〉

はじめ

・ア と イ は、おさななじみのなかよし。
・ある日、拾った地図を手がかりに、（　　　）の旅《たび》に出る。

中（出来事①）

・川をわたるときに、（　　　）に追《お》いかけられる。
←
・丸木橋《まるきばし》を走って、（　　　）までわたる。

中（出来事②）

・道に（　　　）がいて、先に進《すす》めない。
←
・木のつるにぶら下がって、ヘビの上をとびこえた。

（しょうりゃく）

終わり（むすび）

・どうくつの中で……

〈地図〉

動物園《どうぶつえん》のあん内図などを、ぼうけんする地図に見立てて想ぞうするのもいいよ。

(1) ア と イ に入る登場人物の名前を考えて書きましょう。

〈ゆいさんが考えた名前〉

ア（ソラ）

イ（ウミ）

どんな名前にしようか、考えるのが楽しい！

〈あなたが考えた名前〉

ア（　　　　）　イ（　　　　）

2 右ページの〈組み立てメモ〉の（　　）に入る言葉《ことば》を、自由《じゆう》に考えて書きましょう。

どんな旅に出ることにしようかな？〈地図〉を見ると×じるしのところに何かがありそう。でも、道のと中にじゃま者《もの》がいるね。

旅に出た先で、どんな出来事が起こったらおもしろいかな？今までに見たえい画や本を思い出してみてもいいよ！

45 物語《ものがたり》を作る②

1 90ページの〈組み立てメモ〉の終《お》わりに入る部分《ぶぶん》を、自由《じゆう》に考えて書きましょう。

〈ゆいさんが考えたけつまつ〉

・どうくつの中でたから箱《ばこ》を見つける。
・たから箱の中には、またべつの地図が入っていた。
・それを手にして、二人《ふたり》は家に帰った。

〈あなたが考えたけつまつ〉

〈組み立てメモ〉の中とつながるように考えるよ。

〈ゆいさんのメモ〉

はじめ

・ソラとウミは、おさななじみのなかよし。
・ある日、拾《ひろ》った地図を手がかりに、たからさがしの旅《たび》に出る。

中（出来事《できごと》①）

・川をわたるときに、ワニに追《お》いかけられる。
←
・丸木橋《まるきばし》を走って、なんとか向《む》こう岸《ぎし》までわたる。

中（出来事②）

・道に大きなヘビがいて、先に進《すす》めない。
←
・木のつるにぶら下がって、ヘビの上をとびこえた。

（しょうりゃく）

終わり

・どうくつの中でたから箱を見つける。
・たから箱の中には、またべつの地図が入っていた。それを手にして、二人は家に帰った。

2 右ページの〈ゆいさんのメモ〉を見て、〈ゆいさんの物語〉の（　　）に合う言葉《ことば》を書きましょう。うすい字はなぞりましょう。

はじめ→中→終わりのじゅんに、物語がつながるように書いたんだね！

〈ゆいさんの物語〉

はじめ

おさななじみの（　　）と（　　）は、拾った地図を手がかりに、（　　）の旅に出ました。

中

二人は村を出て、（まず）、川にやってきました。川をわたろうとすると、どうもうなワニが追いかけてきました。そこで、丸木橋を全速力《ぜんそくりょく》で走ってなんとか向こう岸へ（　　）。

さらに道を歩いていくと、今度は道の真《ま》ん中《なか》に大きなヘビがいて、（先に進めません）。そこで、木のつるにぶら下がって、ヘビの頭の上をとびこえることにしました。

（しょうりゃく）

終わり

（こうして）二人は、どうくつの中でたから箱を（　　）。箱の中には、またべつの地図が入っていました。それを手にして、二人は（　　）。

次《つぎ》のページで、あなたも物語を書いてみよう！

46 物《もの》語《がたり》を作る ③

❶ あなたの考えた物語を、〈組み立てメモ〉にまとめましょう。

〈組み立てメモ〉

はじめ 91ページの❶(1)を書こう。

中 91ページの〈地図〉を見て考えよう。
・事件《じけん》が起《お》こる
↓
・事件が解決《かいけつ》する

終《お》わり 92ページの❶を書こう。

登場人物《とうじょうじんぶつ》（　　　）と（　　　）

・地図を拾《ひろ》って、たからさがしの旅《たび》に出る。

・出来事《できごと》①

・出来事②

（しょうりゃく）

・どうくつの中で（　　　）

・（　　　）

2 1の〈組み立てメモ〉を見て、物語を書きます。〔　〕に合う言葉《ことば》を書きましょう。

はじめ

おさななじみの〔　　〕と〔　　〕は、ある日、拾った地図を手がかりに、たからさがしの旅に出ました。

中

まず、〔　　〕

次《つぎ》に、〔　　〕

（しょうりゃく）

終わり

こうして、二人はどうくつの中で、〔　　〕

◆原こう用紙の正しい使《つか》い方《かた》をおぼえましょう。文章《ぶんしょう》を書いたら、まちがいがないか、たしかめましょう。

題名《だいめい》は、はじめの行に、上から二ます空けて書きましょう。

書きはじめや、行をかえたら、一ます空けます。

○○○年まつの大そうじ
西山○とおる○
○十二月二十八日に、年まつの大そうじをし
ました。朝早くから家族全員で始めました。
○まず、すてる物を集めてごみぶくろに入れ、
ごみすて場に持っていきました。
○次に、ゆかそうじをしました。そうじきを
かけた後、水ぶきをして、モップでワックス
をかけると、
「ぴかぴかに光っているわね。」
と、お母さんがとてもよろこんで言いました。

句点《くてん》（。）や読点《とうてん》（、）は、一ますに書きましょう。

句点や読点が行のはじめに来ないように、文字といっしょのますに書くか、ますの下に書きます。

会話は、行をかえて、かぎ（「」）をつけて書きます。言葉《ことば》の終《お》わりの句点とかぎ（。」）は、一ますに書きます。

くもんの国語集中学習　小学３年生 作文・表現にぐーんと強くなる

2023年3月　第1版第1刷発行
2024年2月　第1版第2刷発行

●発行人　志村直人
●発行所　株式会社くもん出版
〒141-8488 東京都品川区東五反田2-10-2
東五反田スクエア11F
電話　編集　03(6836)0317
営業　03(6836)0305
代表　03(6836)0301

●印刷・製本　TOPPAN株式会社
●カバーデザイン　辻中浩一+村松亨修（ウフ）
●カバーイラスト　亀山鶴子

ISBN 978-4-7743-3369-4

ＣＤ 57335
くもん出版ホームページアドレス　https://www.kumonshuppan.com/

●本文イラスト　くどうのぞみ・野口真弓
●本文デザイン　岸野祐美（株式会社京田クリエーション）
●編集協力　松原豊

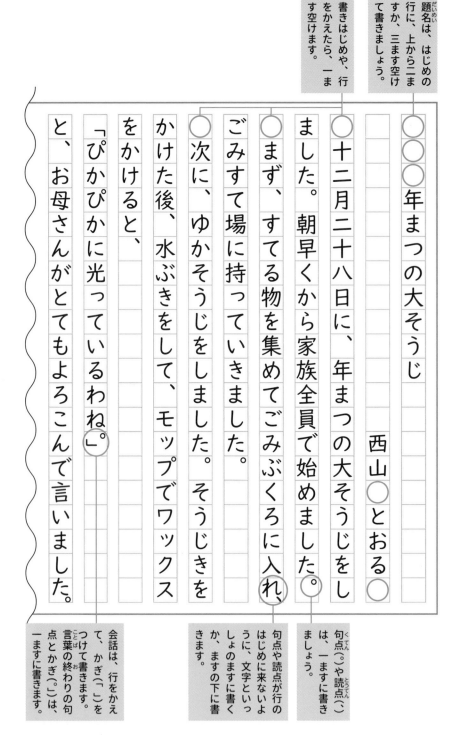

小学3年生

作文・表現《ひょうげん》に

ぐ

んと

強くなる

別冊《べっさつ》

解答例《かいとうれい》

・（れい）は，作文のお手本をしめしています。
問題《もんだい》文の指《し》じにしたがって書けていたら○をつけてください。

・書き方にまよったときは，お手本とかいせつをよく読んで，
自分の作文を書くヒントにしましょう。
まねして書いてみてもよいでしょう。

おうちの方へ

本書は，教科書や学校の宿題等でよく出る作文テーマごとに，書きたい内容を考えて，
言葉や文を書き出して作文メモを作り，メモをもとに文章を書く練習を進めていきます。
各回の問題文の指示や，まとめコーナーで学んだ作文の組み立てにそって書けていたら，
○をつけてあげてください。

4・5ページ

❶自分のすきなことがここになかったら、○をつけなくてもいいよ。❷で自由《じゆう》に書いてみよう。

1 自分のすきなことをしょうかいする❶

自分のすきなことをしょうかいする文章《ぶんしょう》の書き方

① 自分がすきなことを考えよう。

れい スポーツ…ドッジボール・野球《やきゅう》・サッカー・バドミントン・水泳《すいえい》・りく上・バレーボール・ダンス　など

音楽…ピアノ・エレクトーン・オルガンなどのえんそう・歌を歌うこと・音楽かんしょう　など

遊《あそ》び…なわとび・テレビゲーム・カードゲーム　など

そのほか…絵をかく・工作をする・本やまん画を読む・えい画やアニメを見る・スポーツかんせん・遊園地《ゆうえんち》、動物園《どうぶつえん》、はく物館《ぶつかん》に行く　など

② すきな理由《りゆう》を考えよう。

れい スポーツ…勝《か》った時のうれしさ。体を動《うご》かす楽しみ。

音楽…すきな曲《きょく》が歌える。えんそうできる。

読書やえい画かんしょう…作品《さくひん》のおもしろさを話せる。　など

楽しみにしていることを思いうかべて、紙にどんどん書き出そう！

❶ みんなが、自分のすきなことをしています。絵の中から、あなたもすきなことがあったら、○でかこみましょう。

○は、いくつつけてもいいよ。

（れい）
(おにごっこ)
ダンス
なわとび
サッカー
(歌うこと)
ゲーム
読書
おしゃべり
ひるね

❷ ❶（4ページ）の中から、あなたもすきなことを一つえらんで書きましょう。

❶のほかに、あなたがもっとすきなことがあれば、それを書きましょう。

（れい）
・サッカー
・おにごっこ
・ピアノ

スポーツや音楽だけでなく、どんなことでもいいよ。

わたしは、本を読むのがすきだな。

ぼくは、イラストやまん画をかくのがすきだよ。

❸ ❷で書いたことがすきな理由を、次《つぎ》からえらんで、○をつけましょう。（れい）

○は、いくつつけてもいいよ。

ア（　）楽しいから。
イ（○）おもしろいから。
ウ（　）しあいに勝つと、うれしいから。
エ（○）上手《じょうず》にできると、気持《きも》ちいいから。
オ（　）みんなにほめられたいから。

ゴールが決《き》まったときは、うれしかったな。

上手にえんそうできて、ほめられたよ。

＊ア～オにあてはまらない理由があれば、ここに書きましょう。

（れい）
・もっと上手になりたいから。
・家族や友だちがよろこぶから。
・なかまといっしょにできるから。
・ひとりで集中して取り組めるから。

なぜすきなのか，理由《りゆう》であてはまるものがあったらア～オに○をつけよう。なかったら○をつけなくていいよ。〔　〕に理由を書こう。

6・7ページ

「野球《やきゅう》をすること。」や「歌を歌うこと。」など、何をすることがすきなのか、くわしく書こう。理由は「～から。」という言い方で書こう。

2 自分のすきなことをしょうかいする❷

❶ あなたがすきなことを書きましょう。

１回目（4・5ページ）で書いたことでもいいよ。

れい ・野球《やきゅう》をすること。

（れい）
・ピアノをひくこと。
・美じゅつ館に行くこと。

❷ ❶の理由《りゆう》を書きましょう。

理由を書く文の終《お》わりは、「～から。」と書こう。

れい ・しあいに勝《か》つと、うれしいから。

（れい）
・上手にひけると、楽しいから。
・すてきな絵に出会えるから。

❸ ❶で書いたことのほかに、すきなことを書きましょう。

思いついたことを書いてみよう。遊《あそ》びでも勉強《べんきょう》でも、なんでもいいよ。

（れい）
・友だちとゲームをすること。
・ダンスをすること。
・さんぽに出かけること。

❹ ❸で書いたことがすきな理由を書きましょう。

理由はいくつ書いてもいいよ。

（れい）
・友だちと話しながら遊べて楽しいから。
・上手におどってほめられたから。
・町でおもしろい物をたくさん発見できるから。

❺ ❶～❹の内ようをもとに、あなたがすきなことと、その理由を二つ書きましょう。うすい字はなぞりましょう。

（れい）

▼どちらかを◯でかこもう。

（(ぼく)・わたし）は、

すきなこと：（イラストをかくこと）がすきです。

すきな理由：（なぜなら、かきたいものを自由にかくことが楽しい）からです。

▼どちらかを◯でかこもう。

（ぼく・(わたし)）は、

（本を読むこと）がすきです。

（なぜかというと、むかしのことや知らなかったことを知ることができておもしろい）からです。

理由を書くときには、「なぜなら、」や「なぜかというと、」という言葉《ことば》を使《つか》ってみよう。

「ぼく（わたし）は、～がすきです。なぜなら（なぜかというと）、～からです。」という文の形で書いていこう。

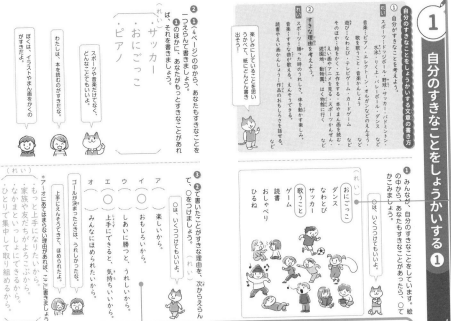

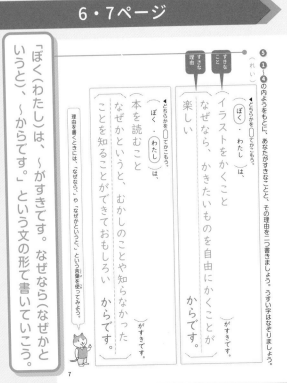

8・9ページ

身近《みぢか》な人に、あなたの友だちのいいところ、すきなところをしょうかいするよ。あてはまるものに〇をつけよう。あてはまるものがなければ、（　）に自由に書いてみよう。

理由を書くときには、「～から。」という言い方で書こう。すきだと感《かん》じたきっかけや、いいなと思った出来事《できごと》があったら、いっしょに書こう。

3 友だちをしょうかいする ①

友だちをしょうかいする文章の書き方

あなたの友だちのいいところやすきなところをしょうかいする文章を書きます。

① まず、あなたがすきだと思う、友だちのいいところを考えて、メモに書き出してみよう。
② 次《つぎ》に、しょうかいしたい理由《りゆう》を考えて、メモに

❶ あなたの友だちを思いうかべて、どんないいところがあるか、あてはまるものを〇でかこみましょう。

〇は、いくつつけてもいいよ。

（れい）
運動《うんどう》にうちこんでいる。
勉強《べんきょう》をがんばっている。
字がていねい。
いっしょにふざけ合える。
絵をかくのが上手。
話がおもしろい。
ものしりだ。
歌や楽きがとくい。
えがおがすてきだ。

＊❶のほかに、もっといいところがあれば書きましょう。

（れい）
・ごはんをおいしそうに食べる。
・話をしっかり聞いてくれる。

❷ ❶をしょうかいしたい理由としてあてはまるものをえらんで〇をつけましょう。

（れい）
ア（　）一生けん命取り組んでいるから。
イ（〇）取り組んでいるすがたがすてきだから。
ウ（　）自分が知らないことを教えてくれるから。
エ（　）むずかしいことにちょうせんしているから。
オ（　）いっしょにいると楽しいから。
カ（〇）うれしい気持《きも》ちになれるから。

＊ア～カのほかに理由があれば、ここに書きましょう。

（れい）
・いっしょに食べると、自分もおいしく感じるから。
・みんなの相談相手になってくれるから。

その友だちといっしょにすごすようになったのはどうしてか、思い出してみよう。

❸ あなたの友だちを思いうかべて、〈メモ〉を書きましょう。

〈メモ〉（れい）
・しょうかいしたい人
みひろさん
・いいところ
思いやりがあるところ。
・しょうかいしたい理由
野球部でしあいに負けたとき、自分もくやしいのに、まわりをはげましていたから。

・あきなさん
・話がおもしろいところ。
・いっしょにいて楽しいから。

・ともきさん
・ゲームがとくいなところ。
・遊《あそ》び方を教えてくれるから。

・あさひさん
・サッカーをがんばっているところ。
・どカでレギュラーを勝《か》ち取ったから。

・りこさん
・動物《どうぶつ》にくわしいところ。
・学校《がっこう》でかっているうさぎを大事《だいじ》に世話《せわ》しているから。

8　9

10・11ページ

「足が速《はや》いところ。」「いつも落《お》ち着《つ》いているところ。」など、「～ところ。」という言い方で書こう。どんなところがいいと思うのか、くわしく書こう。

「ぼく（わたし）は、～さんの～ところがすきです。なぜなら（なぜかというと）、～からです。」という文の形で書いていこう。

4 友だちをしょうかいする ②

❶ 9ページの❸で書いた〈メモ〉をもとに、友だちの名前と、あなたがすきないいところを書きましょう。

（れい）
（じゅり）さん
（イラストが上手なところ。）

れい ・係《かかり》の仕事《しごと》をがんばっているところ。

❷ ❶の理由《りゆう》を書きましょう。

文の終《お》わりは、「～から。」と書こう。

（れい）
（いつも、かわいい動物の絵をかいてくれるから。）

れい ・みんなのお手本になっていると思うから。

❸ ❶とはべつの友だちを思いうかべて、名前と、あなたがすきないいところを書きましょう。

（れい）
・さとる
・はるか
（　）さん
・ピアノがひけるところ。
・クラスのみんなに親切なところ。

❹ ❸の理由を書きましょう。

しょうかいしたい理由は、いくつ書いてもいいよ。

（れい）
・一生けん命練習しているから。
・みんなの前でどうどうとえんそうしていて、りっぱだったから。
・重いにもつを運ぶとき、てつだってくれたから。
・やさしい人だとつたえたいから。

❺ あなたの友だちを二人思いうかべて、あなたがすきないいところとその理由を、それぞれ考えて書きましょう。うすい字はなぞりましょう。

（れい）
▼どちらかを〇でかこもう。
（ぼく・わたし）は、（ひなた）さんの（サッカーが上手なところ）がすきです。
なぜなら、ボールをけりながら速く走るすがたが、かっこいいからです。

・友だちのすきなところ
・いいなと思うところ
理由

▼どちらかを〇でかこもう。
（ぼく・わたし）は、（れん）さんの（話がおもしろいところ）がすきです。
なぜかというと、れんさんといっしょにいるといつも楽しいからです。

10　11

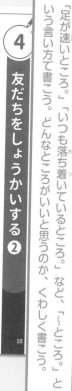

12・13ページ

身近《みぢか》な人に、あなたの学校のすきなところ、自まんできるところをしょうかいするよ。あてはまるものに○をつけよう。あてはまるものがなければ、（　）に自由《じゆう》に書いてみよう。

5 学校や町をしょうかいする ❶

学校や町をしょうかいする文章《ぶんしょう》の書き方
学校や町の自まんできるところをカードに書き出して、カードを見ながら、しょうかいする文章を書きます。

① 学校のすきなところ、自まんできるところを考

❶ ゆいさんが、自分の学校のすきなところ、自まんできるところを書き出しました。あなたの学校にもあてはまるものがあったら、○でかこみましょう。

（れい）

・校しゃが新しい。
・町でいちばん古い学校だ。
・グラウンドが広い。
・プールがある。
・さくらの木がある。
・トイレ《といれ》がきれい。
・図書館《としょかん》が広い。
・学校の畑《はたけ》がある。
・お祭《まつ》りがある。
・読み聞かせ会がある。
・せいそう活動《かつどう》がさかん。
・音楽発表会《はっぴょうかい》がある。
・春（秋）の遠足《えんそく》がある。
・運動会がある。

○は、いくつつけてもいいよ。

＊❶のほかに、もっといいところや自まんできることがあれば、それを書きましょう。（れい）

（・いろいろな生き物をかっている。・たてわりはんで、一年生から六年生まで全員で遊べる。）

12

❷ ❶をしょうかいしたい理由として、あてはまるものをえらんで、○をつけましょう。

（れい）

ア（　）じゅ業《ぎょう》や部活動《ぶかつどう》などに使《つか》えてべんりだから。
イ（　）学校に通うことがうれしくなるから。
ウ（　）いろいろなスポーツや遊《あそ》びができるから。
エ（○）野さいや花などを育《そだ》てることができるから。
オ（　）地いきの人たちとふれ合うことができるから。
カ（　）がんばってきたことを家族《かぞく》に見てもらえるから。
キ（○）友だちといっしょに取《と》り組《く》めて楽しいから。

＊ア〜キのほかに理由があれば、ここに書きましょう。

（れい）（・生き物とふれ合うことができるから。・ちがう学年の友だちができるから。）

気に入っているのは、どんなところかな？

❸ あなたの学校を思いうかべて、〈カード〉に書き出しましょう。

〈ゆいさんのカード〉

・すきなところ・自まんできるところ
社会科の前田《まえだ》先生のお話がおもしろいこと。
・しょうかいしたい理由
地図記号《きごう》についてもっと知りたくなったから。

〈カード〉（れい）

・すきなところ・自まんできるところ
校しゃのうらに山があるところ。
・しょうかいしたい理由
雪がふると、スキーやそりで遊ぶことができるから。

13

すきなところ、自まんできるところは、「〜ところ。」「〜こと。」などの言い方で書こう。

14・15ページ

自分の町にあてはまるものがここになかったら、○をつけなくてもいいよ。❷で自由に〈カード〉に書き出してみよう。

6 学校や町をしょうかいする ❷

❶ みんなが、自分の町のすきなところ、自まんできるところとその理由《りゆう》をカードに書き出しました。あなたの町にもあてはまるものがあったら、○でかこみましょう。

（れい）

・近くに山や海、川があること。
・ゆたかな自ぜん《し》の中で遊《あそ》ぶことができるから。

・公園や図書館《としょかん》などのしせつがあるところ。
・町の人のいこいの場所《ばしょ》だから。

・大きなお祭《まつ》りがあるところ。
・ほかの町からもたくさんの人が見に来るから。

・ショッピングセンターがあること。
・ひつようなものや、ほしいものが全部《ぜんぶ》買えるから。

・さくらのなみ木があること。
・毎年春にさくらのトンネルができてきれいだから。

・農業《のうぎょう》がさかんなところ。
・おいしい野さいやくだものを食べることができるから。

○は、いくつつけてもいいよ。

❷ あなたが住《す》んでいる町のすきなところ、自まんできるところとその理由を二つ考えて、〈カード〉に書き出しましょう。

〈カード〉（れい）

・すきなところ・自まんできるところ
大きな商店がいがあること。
・しょうかいしたい理由
いろいろなお店があって、買い物をするのにべんりだから。

・すきなところ・自まんできるところ
夏に大きなお祭りがあるところ。
・しょうかいしたい理由
・遠くからも多くの人が見に来るから。
・れきしのあるお祭りだから。

14

❸ ❷のカードをもとに、あなたの町のすきなところ、自まんできるところとその理由を二つ書きましょう。うすい字はなぞりましょう。

（れい）

▼どちらかを○でかこもう。
（ぼく・わたし）は、住んでいる町の（大きな商店がい）が気に入っています。
（なぜなら、いろいろなお店があって、買い物をするのにべんりだから　です。）

▼どちらかを○でかこもう。
（ぼく・わたし）の住む町では、（夏に大きなお祭りがあるところ）が気に入っています。
（なぜかというと、遠くからも多くの人が見に来るほど有名な、れきしのあるお祭りだから　です。）

「ぼく（わたし）の住《す》んでいる町の（住む町では）、〜が気に入っています。なぜなら（なぜかというと）、〜からです。」という文の形で書いていこう。

16・17ページ

表《ひょう》は全部《ぜんぶ》書きこまなくてもいいよ。さい近《きん》、どんな本を読んだのか、何の本がおもしろいと思ったのか、思い出しながら書きこんでみよう。

7 本をしょうかいする❶

読書記ろくの書き方

これまでに読んだ本を、友だちにしょうかいします。

① 読んだ本の記ろくをつけておこう。

読み終わった日	本の題名	書いた人	感じたこと
四月十五日	100円たんけん	中川《なかがわ》 ひろたか 文／岡本《おかもと》 よしろう 絵	百円で全部《ぜんぶ》買えるものと、ほんの少ししか買えないものがある。お金のかち《つか》を考えさせられた。百円を大事《だいじ》に使いたいと思った。

「100円たんけん」中川ひろたか文、岡本よしろう絵（くもん出版《しゅっぱん》）

いつ、どんな本を読んで、何を感じたのか、何がおもしろかったのかを記ろくしよう。

② 読書記ろくをつけておいて、しょうかい文や感《かん》想文《そうぶん》を書くときに読み返《かえ》そう。

❶ これまでに読んだ本で、おもしろかったと思う本の題名と、書いた人を表《ひょう》にまとめて書き出してみよう。

（れい）

番号	本の題名	書いた人
1	100円たんけん	中川 ひろたか 岡本 よしろう
2		
3		
4		
5		

絵本や物語《ものがたり》、図かんなど、どんな本があったかを、本だなを見てさがしてみよう。

16

❷ これまでに読んだ物語の本で、おもしろいと感じた本を読書記ろくに書きましょう。

わたしは「スイミー」が、おもしろかったよ。

（れい）

「スイミー 小さなかしこいさかなのはなし」レオ＝レオニ作、谷川俊太郎訳（好学社）

本の題名	書いた人	登場人物	感じたこと
100円たんけん	中川 ひろたか 文／岡本 よしろう 絵	・ぼく→「100円たんけん」を思いつく。 ・おかあさん ・しょうてんがいの人たち	わたしも百円で何がどのくらい買えるのか、買い物に行ったときに考えてみようと思った。

物語《ものがたり》の本は「登場人物《とうじょうじんぶつ》（お話に出てくる人物）」を、せつ明文・科学読《よ》み物《もの》の本は「本の内よう（本に書いてあること、読んでわかったことなど）」を、表に書きこもう。

❸ これまでに読んだせつ明文や、科学読み物の本で、おもしろいと感じた本を読書記ろくに書きましょう。

ぼくは光るいきものの本を読んだよ。

（れい）

「光るいきもの キノコ」大場裕一著、宮武健仁写真（くもん出版）

本の題名	書いた人	どんな内よう	感じたこと
ペンギンの体に、飛ぶしくみを見つけた！	山本 省三 文／喜多村 武 絵	動物学者の遠藤先生が、ペンギンのほねのつくりから体のひみつをときあかす。ペンギンは空を飛ぶかわりに、海の中を飛んでいるのだ。	海で自由に動き回れるかわりに、地上ですばやい動きができなくなったペンギンの進化を知って、おどろいた。

17

『ペンギンの体《からだ》に、飛《と》ぶしくみを見つけた！』
山本省三《やまもとしょうぞう》文、喜多村武絵《きたむらたけしえ》、遠藤秀紀《えんどうひでき》監修《かんしゅう》（くもん出版《しゅっぱん》）

18・19ページ

8 本をしょうかいする❷

本をしょうかいするポップの書き方

書店に行くと、本をせんてんしたり、しょうかいしたりするための「ポップ」というものがあります。

「ポップ」とは、その本を読んでみたくなるように、本の内ようや心にのこったことなどが、短《みじか》い言葉《ことば》で書かれているカードのことです。

物語なら、本の中で、いちばん心にのこった場面《ばめん》や、すきなところを思い出して書いてみよう。せつ明文や科学読み物なら、はじめて知っておどろいたことや考えさせられたことを書いてみよう。

❶ あなたが17ページの❷、または❸に書いた本について、すすめたい理由を〈表《ひょう》〉にまとめましょう。

〈ゆいさんの表〉

いちばん心にのこったところ、おもしろかったところ／内よう	つたえたい理由
スイミーが、小さな赤い魚たちといっしょに泳《およ》いで、大きな魚をおいだしたところ。	一ぴきだけ黒《くろ》いスイミーが、ちえをしぼって、なかまを守るところがかっこいいから。

〈表〉（れい）

いちばん心にのこったところ、おもしろかったところ／内よう	つたえたい理由
ペンギンのそせんは空を飛んでいたけれど、海にもぐりやすいように体がかわっていったというところ。	えさの魚をつかまえやすくするために、進化していったペンギンはすごいと思ったから。

18

はるとさんが作ったポップを見て、どんなことが書かれているか見てみよう。

〈はるとさんのポップ〉

目をひくように、絵をかいたり、色をぬったりしてもいいね。

本の題名

本の作者

「光るいきもの キノコ」
大場《おおば》 裕一《ゆういち》 著《ちょ》／宮武《みやたけ》 健仁《たけひと》 写真《しゃしん》

ポップに、読む人をひきつけるキャッチコピーを入れることもあるよ

どくがあると知らせるため？
虫をよぶため？

キノコがなぜ光るのか、それはまだ、なぞにつつまれています。
でも、光るキノコは、とてもきれいです。
写真がたくさんのっているので、ぜひ読んでください。

木本《きもと》 はると

本を読んでわかったこと，内よう。感想
つたえたいこと など

自分の名前

❷ 前ページの❶で書いた〈表〉の内ようをもとに、ポップを作りましょう。

（れい）

本の題名

「ペンギンの体に、飛ぶしくみを見つけた！」

山本 省三 文／喜多村 武 絵

作者の名前

どうしてペンギンは飛べないの？

この本は、動物学者たちがときあかした、ペンギンの体のひみつが書いてあります。飛べなくなったかわりに、ペンギンが手に入れた力は？
ぜひ、読んでたしかめてみてください。

イラスト

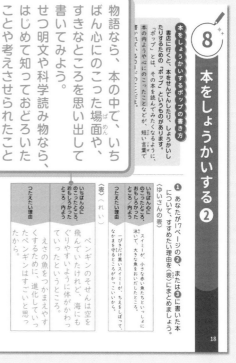

森 ひまり

自分の名前

いちばん心にのこったところ／内よう
つたえたい理由

「読んでみてください」のように、本をすすめる言葉をつけるといいね！

あなたがしょうかいしたい本のおもしろさをつたえよう。キャッチコピーとは人の注意《ちゅうい》を引きつける短《みじか》い言葉《ことば》や文のことだよ。その本を読んでみたくなるような言葉や文を考えてみよう。

20・21ページ

本の表紙《ひょうし》やとびらを見て、書《か》き写《うつ》そう。「作者《さくしゃ》」が一人だけでない場合は、文を書いている人のほか、絵をかいている人や写真《しゃしん》をとっている人、外国語から日本語にほんやくしている人などの名前も書きこんでいいよ。

9 読書感《かん》想《そう》文《ぶん》を書く①

読書感想文の書き方

本を読んだら、読書感想文を書いてみましょう。

メモを作る

❶ すきな本をえらんで読みましょう。読んだ本の題名と作者《さくしゃ》を書きましょう。

〈ゆいさんのメモ〉

わたしは、この本を読んだよ！

題名　あらしのよるに

作者（書いた人）　木《き》村《むら》　裕一《ゆういち》

「あらしのよるに」木村裕一作、あべ弘士《ひろし》絵（講談社《こうだんしゃ》）

〈あなたのメモ〉（れい）

題名　ゾウの長い鼻には、おどろきのわけがある！

作者　山本　省三

あなたがすきな動物《どうぶつ》や食《た》べ物《もの》が出てくる本、表紙や題名を見て、おもしろそうだなと思った本などをえらんでみよう。前に読んで、おもしろかった本でもいいよ！

「はじめ」「中」「終わり」は、どんなふうに書けばいいのかな？くわしく見てみよう！

はじめ

〈はるとさんのメモ〉

・本の表紙《ひょうし》や題名《だいめい》にひかれたから。
・先生や友だち、家族《かぞく》にすすめられたから。
・同じ年の男の子が、一人で旅《たび》をする話。

・読んだ理由
・どんな話か、何が書かれているかというせつ明

「はじめ」「中」「終わり」のメモには、こういうことを書くんだね！メモを作ると、文章《ぶんしょう》が書きやすくなるよ。

ゆいさんは、本のあらすじをしょうかいしているね。（れい）のように、本を読んだ理由《りゆう》・きっかけと、本のせつ明を書いてもいいよ。

❷ はじめに書くことを考えて、あなたが読んだ本について書きましょう。

〈ゆいさんのメモ〉

わたしは、登場人物《とうじょうじんぶつ》と、かんたんなあらすじを書くことにしたよ。

あらしの夜、ヤギのメイは、真《ま》っ暗《くら》な山《やま》小《こ》屋《や》で雨宿《あまやど》りをしていた。すると、そこにオオカミのガブも入ってくる。おたがいの正体を知らないまま、しゅるいのちがう二人が、友じょうを深《ふか》めていく話。

〈あなたのメモ〉（れい）

ぼくは、動物のなかでもゾウがすきだ。ゾウがなぜ長い鼻をもっているのか知りたくて、この本を読んだ。

この本は、動物学者の遠藤さんが死んだゾウの体を調べてわかった、おどろきの理由が書かれている。

はじめにはどんなことを書けばいいか、かくにんして書いてみよう。読んだ理由と、登場人物やあらすじは、両方《りょうほう》書いてもいいよ。

『ゾウの長い鼻《はな》には、おどろきのわけがある！』山本省三《やまもとしょうぞう》文、喜《き》多《た》村武《むらたけし》絵、遠藤秀紀《えんどうひでき》監修《かんしゅう》（くもん出版《しゅっぱん》）

20　21

22・23ページ

中の〈メモ〉は、本を読んで「心にのこったところ」や「知ったことや、わかったこと」を先に書いて、その後にあなたが「そこを読んで思ったこと」を書こう。

10 読書感《かん》想《そう》文《ぶん》を書く②

❶ 中に書くことを考えて、あなたが読んだ本について書きましょう。

・中にどんなことを書くか、書く前に、20・21ページと、〈ゆいさんのメモ〉をかくにんしてみよう。
・中は読書感想文の「中心」となる部分《ぶぶん》だから、はじめや終わりよりも、長く書くよ。心にのこったことや思ったことを、二つ書いてみよう。

〈ゆいさんの中－①のメモ〉

心にのこったことの一つ目を書いたよ。

かみなりがピカッと光ったり、すきな食《た》べ物《もの》の話をしたりしたところ。

オオカミはヤギの天てきだから、おたがいの正体がわかりそうになると、どうなってしまうのだろうとドキドキした。

〈ゆいさんの中－②のメモ〉

心にのこったことの二つ目を書いたよ。

ガブとメイが、おたがいの顔を見ていないのに、友だちになったところ。

オオカミとヤギ、しゅるいはちがうけど、二人は、すごく気が合ったんだなと思った。

そんな友だちと出会えて、すてきだなと思った。

読書感想文には、本のどこが心にのこったか、本を読んで思ったことや、自分の気持《きも》ちを、自由《じゆう》に書いていいんだね！

（22ページのつづき）

〈あなたの中－①のメモ〉（れい）

一つめの理由は、大きな体で地面の草を食べたり水を飲んだりするために鼻がのびた、というもの。

さいしょに足や手ではなくて鼻を使おうと思ったゾウはすごい。

〈あなたの中－②のメモ〉（れい）

もう一つの理由は、海の中で息をすうためにシュノーケルがわりに長い鼻を使っていたのではないかというもの。

遠藤先生たちが死んだゾウのじんぞうを調べると、海の動物と同じしくみになっていた。ゾウは大昔、海の中でくらしていたのかもしれない。海でくらすゾウたちのすがたを見てみたいと思った。

❷ 終わりに書くことを考えて、あなたが読んだ本について書きましょう。

〈ゆいさんのメモ〉

物語の全体《ぜんたい》を通して、思ったことを書いたよ。

この本を読んで、相手《あいて》を思いやる気持ちがあれば、いろんな人と、なかよくなれるのかもしれないと思った。

わたしも、友だちを思いやる気持ちを、わすれないようにしたい。

〈あなたのメモ〉（れい）

ぼくたちは、タイムスリップすることはできない。でも、体のしくみを調べることで、動物の進化のひみつがわかる。

死んだ動物を調べるのはちょっとこわいけれど、動物学者になってみたいと思った。

終《お》わりの〈メモ〉は、本全体《ぜんたい》についての感想《かんそう》を書くよ。読み終えて、自分が考えたこと、思ったことをメモしよう。ぎ問《もん》に思ったこと、もっと知りたいこと、調《しら》べてみたいことなどを書いてもいいね。

22　23

24・25ページ

11 読書感想文を書く③

文章を書く

❶ ゆいさんは、作ったメモをもとに、読書感想文を書きました。〈ゆいさんのメモ〉を見て、〈ゆいさんの読書感想文〉の（　）に合う言葉を書きましょう。うすい字はなぞりましょう。

はじめで、ゆいさんは「この本は……話です。」という書き方で、物語《ものがたり》のあらすじをしょうかいしているよ。中では、「読んでいてドキドキしたのは、……ところです。」「心にのこったところは、……ところです。」と、心にのこった二つの場面《ばめん》をしょうかいしているね。それぞれ、その後に自分の思ったことを書いているよ。終わりは、「この本を読んで、……と思いました。」という書き方で、読み終えた感想を書いている。あなたが感想文を書くときにまねをしてみよう。

〈ゆいさんの読書感想文〉

はじめ

わたしは、「あらしのよるに」という本を読みました。（この本は）、ヤギのメイが、真っ暗な山小屋で雨宿りをしているところに、オオカミのガブも入ってきて、おたがいの正体を知らないまま、しゅるいのちがう（二人が友だちになる話です）。

中

（読んでいてドキドキしたのは）、かみなりがピカッと光ったり、二人がすきな食べ物の話をしたりしたところです。オオカミはヤギの天てきだから、おたがいの正体がわかったら、どうなってしまうのだろうと心配《しんぱい》になりました。

（心にのこったところは）、メイとガブが、おたがいの顔を見ていないのに、友だちになったところです。ヤギとオオカミでしゅるいはちがうけれど、すごく気の合う友だちに出会えて、（すてきだなと思いました）。

終わり

（この本を読んで）、わたしは、相手を思いやる気持ちがあれば、いろんな人となかよくなれるのかもしれないと思いました。わたしも、メイとガブのように、（友だちを思いやる気持ち）をわすれないようにしたいです。

25　24

ゆいさんは「〜です。」「〜ました。」と，ていねいな言い方で書いているので，文の終わりの言い方を合わせて書こう。

26・27ページ

12 読書感想文を書く④

❶ 20〜23ページの〈あなたのメモ〉を見て、読書感想文を書きましょう。

〈あなたの読書感想文〉（れい）

（れい）の感想文は、ゾウの鼻《はな》がなぜ長いのか、本を読んでわかったことと、それについて自分が思ったことを中心にまとめているよ。

はじめ

ぼくは、動物のなかでもゾウがすきです。ゾウの鼻がなぜ長いのかを知りたくて、「ゾウの長い鼻には、おどろきのわけがある！」を読みました。この本は、動物学者の遠藤さんが死んだゾウの体を調べてわかった、おどろきの理由が書かれています。

中-①

一つめの理由は、大きな体で地面の草を食べたり水を飲んだりするために鼻がのびた、というものです。これを読んで、さいしょに、足や手ではなくて鼻を使いはじめたゾウはすごいなと思いました。

中-②

もう一つの理由は、ゾウが海の中で息をすうために、シュノーケルがわりに長い鼻を使っていた、というものです。遠藤先生たちが死んだゾウのじんぞうを調べると、じんぞうは、海の動物と同じしくみになっていたのです。ゾウは大昔、海の中でくらしていたかもしれないそうです。ぼくは、海の中でくらすゾウのすがたを見てみたいと思いました。

終わり

ぼくたちは、タイムスリップすることはできません。でも、体のしくみを調べることで、動物の進化のひみつがわかります。この本を読んで、ぼくは、死んだ動物を調べるのはちょっとこわいけれど、動物学者になってみたいと思いました。

26

終わりは、ゆいさんの感想文でも使《つか》われていた、「この本を読んで、ぼくは、死《し》んだ動物《どうぶつ》を……動物学者《がくしゃ》になってみたいと思いました。」という書き方でまとめているよ。

はじめ・中-①・中-②・終わり，それぞれだん落《らく》をかえて書けているかどうか，自分の感想文を読《よ》み返《かえ》してかくにんしよう。

28・29ページ

13 学校生活や行事《ぎょうじ》を書く ❶

行事などの出来事《できごと》を書く作文の書き方

学校生活や行事の中で、心にのこっていることを作文に書きましょう。

どんな出来事《できごと》や行事《ぎょうじ》があったか、思い出すきっかけにしよう。あてはまるものに○をつけよう。あてはまるものがなければ、○をつけなくてもいいよ。❷の〈メモ〉で自由《じゆう》に書いてみよう。

❶ 学校生活や行事にはどんなものがあるでしょうか。次《つぎ》にあげた中から、あなたが作文に書いてみたい出来事を、○でかこみましょう。

（れい）

毎日の学校生活のれい
国語
体育《たいいく》
音楽
登下校
休み時間
きゅう食
図工
とくべつな行事のれい
音楽会
さんかん日
大そうじ
運動会
遠足
入学式・そつ業式
○は、いくつつけてもいいよ。

「はじめ」「中」「終わり」は、どのように書けばいいかな？くわしく見てみよう。

〈はるとさんの作文メモ〉

はじめ	・七月二日、学校でプール開《びら》きがあった。 ・みんな、プール開きを楽しみに待っていた。	・いつ、何をしたのか ・いつ、どんなことがあったのか
中	・その日の体育《たいいく》から、水泳《すいえい》が始《はじ》まった。 ・先生は、「水の事こ《じ》がないように、安全《あんぜん》に気をつけましょう。」と、お話をした。 ・ぼくは、思わずプールサイドを走ってしまい、先生にしかられた。 ・足を水につけると、水はまだつめたかった。でも、水の中にいると、だんだんあたたかくなってきた。 ・水の中は気持《きも》ちがよくて、ずっとこの中で泳《およ》いでいたくなる。	・出来事が起きたときの様子をくわしく書く ・そのときに感じたことや思ったことを書く
終わり	・夏の間、プールで泳げることがうれしい。 ・大すきな水泳をめいっぱい楽しもうと思う。	・出来事を通して、どんなことを感じて、どう思ったかを書く

メモを使《つか》うと、書きたいことをわすれないで書けるよね。

❷ はじめに書くことを考えて、「いつ」「どんな出来事があったか」を書きましょう。

わたしは、五月のはじめに、遠足に行ったよ。三年生の遠足では、おさる山に登《のぼ》ったんだ。

〈ゆいさんのメモ〉

はじめ
・五月のはじめに、遠足に行った。
・三年生の遠足は、おさる山登山《とざん》。

〈あなたのメモ〉（れい）

はじめ
・十二月二十八日、年まつの大そうじをした。
・お父さんとお母さん、おばあさんとぼくの家族全員で、朝早くから、家のそうじを始めた。

「いつ、何をしたのか」を書きこむよ。日時をおぼえているときは、書いておこう。そして、いっしょにいた人や行事にさんかした人も書いておこう。

28 29

30・31ページ

14 学校生活や行事《ぎょうじ》を書く ❷

中の〈メモ〉は、したことや起《お》こったことをじゅん番に書いておくと、文章《ぶんしょう》にするときに役立《やくだ》つよ。（れい）は、大そうじを始《はじ》めてから家がきれいになるまでの様子《ようす》をじゅん番に書いているよ。

〈あなたのメモ〉（れい）

中
・すてるものを集めて、ごみぶくろに入れた。集めたごみを分べつして、ごみすて場に持っていった。ごみをすてると、部屋はかたづいて見えた。
・ゆかそうじをした。そうじきをかけたあと、家具を部屋のはじによせて、みんなで水ぶきをした。
・お父さんがワックスを買ってきた。ぼくがモップでワックスをかけた。ワックスをかけると、ゆかが光って、家が新しくなったみたいだった。

終わり
・もう二度と山登りはしたくない、と思うぐらいつかれていたのに、美しいけしきを見たら、つかれがふっとんだ。
・また山登りをしたいと思った。

〈あなたのメモ〉（れい）

終わり
・ごみがなくなって、ゆかがぴかぴかになった。ぼくの心もすっきりかたづいた気がする。
・気持ちよく、新年をむかえられそうだ。

❸ 29・30ページを見て、〈ゆいさんのメモ〉の（　）に合う言葉《ことば》を書きましょう。うすい字はなぞりましょう。

〈ゆいさんのメモ〉

はじめ
・五月のはじめに、（遠足に）行った。
・三年生の遠足は、おさる山の登山《とざん》。

29ページ❷のメモを見よう！

中
・山登りははじめてだった。
・山道を二時間も（歩くのは）、たいへんだった。
・ちょう上に着いたときは、へとへとだったけれどうれしかった。
・ちょう上からの（ながめが）、きれいだった。

30ページ❶のメモを見よう！

終わり
・もう二度と山登りはしたくない、と思うぐらいつかれていたのに、美しいけしきを（見たら）、つかれがふっとんだ。

30ページ❷のメモを見よう！

❹ 上の〈ゆいさんのメモ〉を見て、次《つぎ》の作文の（　）に合う言葉を書きましょう。うすい字はなぞりましょう。

〈ゆいさんの作文〉

（わたしは）、五月のはじめに遠足に行きました。三年生の遠足は、（おさる山の登山）です。山登りは（はじめてだったので）、山道を二時間も歩くのはたいへんでした。（だから）、ちょう上に着いたときは、へとへとだったけれど、うれしかったです。（そして）、ちょう上からのながめが、とてもきれいでした。（それまで）、もう二度と山登りはしたくない、と思うぐらいつかれていたのに、（美しいけしきを見たら、つかれがふっとびました。）また、山登りがしたいと思います。

起こった出来事をじゅん番どおりに書いているね。「ので」「だから」「そして」などの、「つなぎ言葉《ことば》（せつぞく語）」を使《つか》って前の文と後の文をつないでいるよ。

終《お》わりは，出来事によって，自分の気持《きも》ちがさいしょとくらべてどうかわったかを考えてみよう。

30

32・33ページ

〈メモ〉を表《ひょう》にまとめる中で、思い出したことや、もっとくわしく書きたいことがあったら、書きくわえてもいいよ。

15 学校生活や行事《ぎょうじ》を書く ③

❶ 29・30ページで書いた、あなたの〈作文メモ〉をまとめましょう。

〈作文メモ〉（れい）

はじめ	中	終《お》わり
・十二月二十八日、年まつの大そうじをした。 ・お父さんとお母さん、おばあさんとぼくの家族全員で、朝早くから、家のそうじを始めた。	・すてるものを集めて、ごみぶくろに入れた。集めたごみを分べつして、ごみすて場に持っていった。ごみをすてると、部屋はかたづいて見えた。 ・ゆかそうじをした。そうじきをかけたあと、家具を部屋のはじによせて、みんなで水ぶきをした。 ・お父さんがワックスを買ってきたので、ぼくがモップでワックスをかけた。ワックスをかけると、ゆかがぴかぴか光って、家が新しくなったみたいだった。	・ごみがなくなって、ゆかがぴかぴかになると、ぼくの心もすっきりかたづいた気がする。 ・気持ちよく、新年をむかえられそうだ。
29ページ❷のメモ	30ページ❶のメモ	30ページ❷のメモ

❷ 右ページの〈作文メモ〉を見て、作文を書きましょう。

はじめ　中　終わり

…み立てそれぞれ段落《らく》を分けて書こう。

（れい）

十二月二十八日に、年まつの大そうじをしました。お父さんとお母さん、おばあさんとぼくの家族全員で、朝早くから始めました。

まず、すてるものを集めて、ごみぶくろに入れました。集めたごみを分べつして、ごみすて場に持っていくと、ごみのない部屋はすっきりかたづいて見えました。

次に、ゆかそうじをしました。そうじきをかけたあと、家具を部屋のはじによせて、みんなで水ぶきをします。お父さんがワックスを買ってきたので、ぼくがモップでワックスをかけました。ワックスをかけたゆかは、ぴかぴか光って、家が新しくなったみたいでした。

ごみがなくなって、ゆかがぴかぴかになると、ぼくの心もすっきりかたづいた気がします。気持ちよく、新年をむかえられそうです。

強く感《かん》じたことを、くわしく書こう。

（れい）の作文は、そうじの作業《さぎょう》をじゅん番どおりに「ごみすて」→「ゆかそうじ」とだん落《らく》を分けて書いているね。「まず」「次《つぎ》に」という、じゅんじょを表《あらわ》す言葉にも注目《ちゅうもく》しよう。これは、ドリルの60ページでくわしく学ぶよ。

34・35ページ

16 見学したことを書く ①

見学してわかったことをつたえる作文の書き方

市役所《しやくしょ》・けいさつしょ・はく物館《ぶつかん》など、身《み》の回《まわ》りにあるいろいろな所《ところ》を見学したことを作文にします。

見学から作文を書くまでの流れ

① 見学するとき
・見たことや、聞いたこと、気づいたことを書きとめて〈見学メモ〉を作ろう。
・見学に行った場所《ばしょ》ではたらいている人にインタビューする。
・しりょうやパンフレットがあれば、もらってくる。

② 見学から帰ってきたら
・〈見学メモ〉をもとに、作文に何を書くかを考えて、〈作文メモ〉を作ろう。
・持ち帰ったしりょうがあれば、それも見て書…

◆文章《ぶんしょう》の組み立て

はじめ	見学した日時や場所
中	見学してわかったこと（見たこと、聞い…
終《お》わり	見学した感想《かんそう》

③ 〈作文メモ〉をもとに、文章を書こう。

はじめ…見学した日時や場所《ばしょ》
中…見学してわかったこと
終わり…見学した感想《かんそう》
という組み立てで書くよ。

❶ 次の作文を読んで、問題《もんだい》に答えましょう。

〈はるとさんの作文〉

はじめてのおかし工場　　木本《きもと》 はると

1 はじめ
ぼくは、六月二十日に、おかし工場の見学に行きました。見学する前は、いつも食べているおかしが、どのように作られているのかが気になっていました。

2 中
おかし工場に着《つ》くと、工場ではたらいている木村《きむら》さんがあん内してくれて、工場のことを教えてくれました。工場の入り口には、送風《そうふう》きがあって、ほこりやごみが作業《さぎょう》する場所に入らないようにくふうしていました。だから、工場内はきれいで、ごみ一つ落《お》ちていません。おかしは原りょうからせい品《ひん》になるまで、ベルトコンベ…

インタビューのしかた

見学に行った場所で、インタビューするときは、どうしたらいいかな？

(1) はるとさんの作文の1～3の内ように合うものを、次からえらんで、（　）に記号《きごう》を書きましょう。

ア 見学してわかったこと
イ 見学した日時や場所
ウ 見学した感想

1（イ）　2（ア）　3（ウ）

(2) インタビューのしかたについて、正しいものに○を、まちがっているものに×をつけましょう。

①（×）聞きたいことは、その場で決《き》める。
②（○）聞きたいことを考えて、メモしておく。
③（×）いちばん近くにいる人にしつ問する。
④（○）聞いた話はメモしておく。

上のまとめをかくにんしながら、といてみよう。

しつ問《もん》は、見学前に考えて書いておきたいので、①は×、②は○。たくさん聞きたいことがあるときには、いちばん聞きたいことをメモのはじめに書いておこう。
見学先では、あん内してくれる人にお話を聞こう。仕事《しごと》などのじゃまにならないよう気をつけたいね。聞いた話はしっかりメモするよ。だから、③は×、④は○だね。

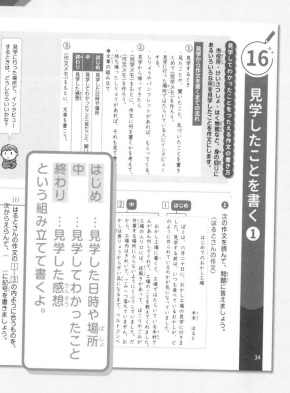

36・37ページ

工場見学のまん画をよく見て、工場のどこに何があったか、何をしているきかいや人なのか、などを読《よ》み取《と》ろう。

はるとさんは、〈見学メモ〉の「見学してわかったこと」を自分で見たことと、人から聞いたことに分けてメモをしているね。

17 見学したことを書く ❷

❶ はるとさんは、おかし工場の見学に来ました。次《つぎ》のまん画を見て、問題《もんだい》に答えましょう。

(1) 上のまん画を見て、〈はるとさんの見学メモ〉の（　）に合う言葉《ことば》を書きましょう。

〈はるとさんの見学メモ〉

はじめ
- ＊見学した日、場所《ばしょ》
- ・六月二十日
- ・おかし工場

中
- ＊見学してわかったこと
- 〈見たこと〉
- ・工場ではたらく木村さんがあん内してくれた。
- 工場の入り口
- ・（送風き）がある。
- 工場の中
- ・ごみ一つ落ちていなかった。
- ・大きなきかいがある。
- ・あまり人がいない。
- 〈聞いたこと〉
- ・送風きで、ほこりやごみが中に入らないようにくふうしている。
- ・大きなきかいは、（ベルトコンベア）という。おかしが原りょうからせい品になるまで、このきかいで運ばれながら作られる。
- ・きかいの近くにいる人は、きかいの（動き）をかくにんしている。
- ・ふりょう品《ひん》がないかどうか、（品しつ）かん理をしている人がいる。

終《お》わり
- ＊見学した感想《かんそう》
- ・ほとんど、きかいが自動てきに作業していて、おどろいた。
- ・（ほかの物）を作っている工場にも行ってみたい。

この〈見学メモ〉をもとに、〈作文メモ〉を作っていくよ！

人から聞いたことの書き方

文章《ぶんしょう》を書くときは、自分が見たことや気づいたことと、人から聞いたことは分けて書くよ！

れい
- ・きかいがたくさんありました。（自分で見たこと）
- ・きかいがたくさんあるそうです。（人から聞いたこと）

36　37

38・39ページ

〈見学メモ〉をよく見て、〈作文メモ〉の（　）に合う言葉《ことば》をぬき出そう。

〈作文メモ〉には、見学中におどろいたことや、感《かん》じたことなどを書きくわえてもいいね。はるとさんは、この〈作文メモ〉をもとに、ドリルの34ページの作文を書いたよ。

18 見学したことを書く ❸

〈見学メモ〉をもとに、文章《ぶんしょう》のじゅんじょを考えたり、せつ明をくわえたりして、文章に書くことを決《き》めよう。

❶ 〈はるとさんの見学メモ〉を見て、下の〈はるとさんの作文メモ〉の（　）に合う言葉《ことば》を書きましょう。

〈はるとさんの見学メモ〉

- ＊見学した日、場所　六月二十日　おかし工場
- ＊見学してわかったこと
- 〈見たこと〉
- ・工場ではたらく木村《きむら》さんがあん内してくれた。
- 工場の入り口
- ・送風《そうふう》きがある。
- 工場の中
- ・ごみ一つ落《お》ちていなかった。
- ・大きなきかいがある。
- ・あまり人がいない。
- 〈聞いたこと〉
- ・送風きで、ほこりやごみが中に入らないようにくふうしている。
- ・大きなきかいは、ベルトコンベアという。おかしが原りょうからせい品《ひん》になるまで、このきかいで運《はこ》ばれながら作られる。
- ・きかいの近くにいる人は、きかいの動《うご》きをかくにんしている。
- ・ふりょう品《ひん》がないかどうか、品《ひん》しつかん理をしている人がいる。
- ＊見学した感想
- ・ほとんど、きかいが自動《じどう》てきに作業《さぎょう》していて、おどろいた。
- ・ほかの物《もの》を作っている工場にも、行ってみたい。

はじめのところに、「見学する前に考えていたこと」をくわえてみようかな。教えてもらった送風きのせつ明は、工場

〈はるとさんの作文メモ〉

はじめ
- ・六月二十日
- ・（おかし工場）を見学した。
- ・見学する前は、いつも食べているおかしが、どのように作られているのか気になっていた。

中
- 〈見たこと〉
- ・工場ではたらいている（木村さん）が、あん内してくれた。
- ・工場の入り口には送風きがあって、（ほこりやごみが中に入らないように）くふうしていた。
- ・ごみ一つ落ちていなかった。
- ・工場の中には、大きなきかいがあった。
- 〈聞いたこと〉
- ・大きなきかいは、ベルトコンベアという。おかしが（原りょう）から（せい品）になるまで、このきかいで運ばれながら作られる。
- ・きかいの近くにいる人は、（きかいの動きをかくにん）している。
- ・ふりょう品がないかどうか、（品しつかん理をしている）人がいる。

終わり
- ・ほとんど、きかいで自動てきに作業していたので、はたらいている人が思ったよりも少なくて（おどろいた）。
- ・ほかの物を作っている工場にも行ってみたい。

終わりの、見学しておどろいた理由を、もっとくわしく書いてみたよ。

これで、作文にする内ようと、文章を書くじゅんじょが

38

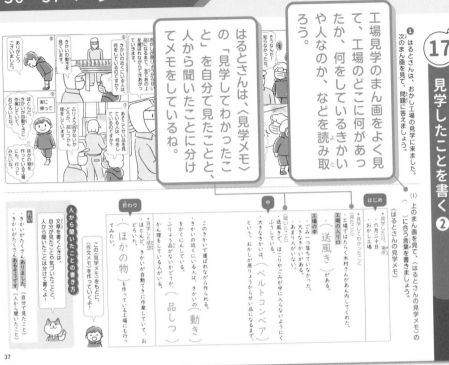

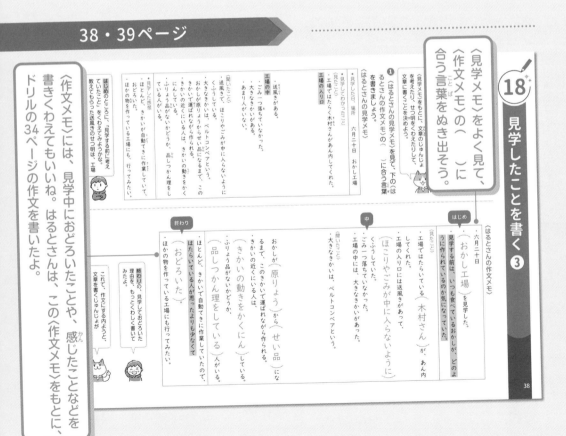

40・41ページ

人から聞いたことを書くときには、ドリルの37ページでしょうかいしている「～そうです。」という書き方のほかに、「(○○さんから、)～と、聞きました。」「(○○さんが、)～と教えてくれました。」などもあるよ。

19 見学したことを書く 4

1 ゆいさんは、いちご農家《のうか》に見学に行きました。次《つぎ》の〈ゆいさんの作文メモ〉や、とってきた写真《しゃしん》などを見て、左ページの〈ゆいさんの作文〉の（　）に合う言葉《ことば》を書きましょう。うすい字はなぞりましょう。

〈ゆいさんの作文メモ〉

はじめ	●見学した日時、場所《ばしょ》 ・十二月十二日　・いちご農家を見学した。 ●見学する前に考《かんが》えていたこと ・家の庭のいちごは五月に実《み》がなった。でも、スーパーでは冬にもいちごが売られている。どうして寒《さむ》い時期《じき》にいちごが食べられるのか気になっていた。育《そだ》て方をくわしく知りたい。
中	●見学してわかったこと〈見たこと・感じたこと〉 ・いちご農家の小川さんがあん内してくれた。 ・いちごを育てるビニールハウスの中は広くてあたたかい。 ・いちごは、地面より高いところに、たなをつくって、その上で育てられていた。赤くて大きな実がたくさんなっていた。 〈聞いたこと〉 ・いちごは、ビニールハウスで育てることで、冬でも出荷《しゅっか》することができるようになった。 ・いちごがいちばん売れるのは冬。ケーキなどでたくさん食べられる。 ・ビニールハウスは温度《おんど》がかん理され、たなの下には水やひりょうが通るパイプがある。 ・しゅうかくするときはていねいにいちごをあつかう。
終わり	●見学した感想《かんそう》 ・手間ひまかけて大事《だいじ》に育てていることがわかった。 ・いちごの実は、一つ一つがほう石みたいだと思った。

〈ゆいさんのとってきた写真〉

メモから文章《ぶんしょう》にするときは、文の終わりに気をつけよう！

「見学した。」
↓
「見学しました。」
のように書き直すといいのかな。

40

〈ゆいさんの作文〉

冬にいちごが食べられる理由《りゆう》（作文の題名《だいめい》）

太田《おおた》　ゆい（名前）

（はじめ）
わたしは、十二月十二日に、（いちご農家を見学しました）。見学する前に気になっていたのは、どうして（寒い時期にいちごが食べられるのか）、ということです。育て方をくわしく知りたいと考えていました。

（中）
当日は、いちご農家の小川さんが（あん内してくれました）。

いちごを育てるビニールハウスの中は、広くてあたたかかったです。（そして）、いちごは、（地面より高いところに、たなをつくって）、その上で育てられていました。赤くて大きな実がたくさんなっていました。

小川さんが、いちごは、ビニールハウスの中で育てることで、（冬でも出荷することができるようになった）と教えてくれました。だから、冬にケーキなどでたくさん食べることができます。ビニールハウスは、温度がかん理されて、たなの下には水やひりょうが通るパイプがあるそうです。しゅうかくするときは、手作業《てさぎょう》でていねいにいちごをあつかいます。

（終わり）
見学を終えて、わたしは、手間ひまかけて大事に育てられたいちごの実は、一つ一つが（ほう石みたいだと思いました）。

41

見学先で写真《しゃしん》をとっておくと，もらってきたパンフレットなどのしりょうとともに，〈作文メモ〉を書くときのざいりょうになるよ。

42・43ページ

ゆうまさんが話していることをよく見て、あてはまるものに○をつけよう。

20 今、取《と》り組《く》んでいることを書く 1

力を入れていることや、目ひょうの書き出し方

今、取り組んでいることをつたえる文章《ぶんしょう》を書くために、力を入れていることや目ひょうを書き出して、〈メモ〉を作ります。〈メモ〉をもとに、文章を書きましょう。

◆〈メモ〉に書くこと

① 何に取り組んでいるか？
れい ・スポーツ…サッカー・野球《やきゅう》・水泳《すいえい》・ダンスなど
・楽《がっ》き・げいじゅつ…ピアノ・エレクトーン・バレエ・絵・書道など
・そのほか…ゲーム・けん玉・プラモデル作り・おかし作りなど

② 何に力を入れているか？
れい ・サッカー…ドリブルやパス、シュートの練習《れんしゅう》。
・ピアノ…毎日かならずひくこと。きそ練習。

③ どうなりたいか？　どうしたいか？
れい ・サッカー…思いどおりにボールを動《うご》かしたい。
・ピアノ…まちがえたりつかえたりしないで、上手《じょうず》にひけるようになりたい。

1 ゆうまさんが、今、取り組んでいることについて話しています。あてはまるものに○をつけましょう。

ぼくは、サッカーをしているよ。さい近は、シュートの練習に力を入れているんだ。次《つぎ》のしあいでゴールを決められるように、もっとがんばりたいな。

(1) ゆうまさんは、何に取り組んでいますか。
（　）テニス
（　）野球
（○）サッカー

(2) ゆうまさんが、力を入れていることは何ですか。
（　）ボールになれる練習。
（○）シュートの練習。
（　）速《はや》く走る練習。

(3) ゆうまさんは、これからどうしたいと言っていますか。
（　）ドリブルがうまくなりたい。
（　）相手《あいて》のシュートを止めたい。
（○）次のしあいでゴールを決めたい。

42

2 めぐみさんが、今、取り組んでいることについて話しています。（　）に合う言葉《ことば》を書き、文章をかんせいさせましょう。

わたしは、ピアノの練習をがんばっているよ。今は発表会《はっぴょうかい》でひく曲《きょく》を、楽ふを見ないでひく練習をしているよ。発表会では、まちがえずにかんぺきにひけるようにしたいな。

・取り組んでいること
わたしは、（ピアノの練習）をがんばっています。
・力を入れていること
今は、（発表会でひく曲を、楽ふを見ないでひく練習）に力を入れています。
・なりたいもの・やりたいこと
発表会では、（まちがえずにかんぺきにひけるように）したいです。

3 とおるさんが、今、取り組んでいることについて話しています。（　）に合う言葉を書き、文章をかんせいさせましょう。

ぼくは、絵をかいているよ。さい近は、人の顔《かお》をかく練習をしているんだ。上手《じょうず》にかいた絵を、家族《かぞく》や友だちにプレゼントしたいな。

・取り組んでいること
ぼくは、（絵をかいて）います。
・なりたいもの・やりたいこと
上手にかいた絵を、（家族や友だちにプレゼントしたいです）。
・力を入れていること
さい近は、（人の顔をかく練習に、力を入れています）。

「力を入れていること」と「なりたいもの・やりたいこと」は、じゅんじょをぎゃくにしても文章が書けるね。

なりたいもの・やりたいことは、「～になりたいです。」「～したいです。」という書き方で書けるよ。力を入れていることは、「今は（さい近《きん》は）、～に力を入れています。」という書き方で書いてみよう。

44・45ページ

①学校のクラブや部活《ぶかつ》、習《なら》いごと、しゅみなど何でもいいよ。③は、その先の目ひょうや、やりたいこと、なりたいものを書こう。②は、今、力を入れていること。

21 今、取り組んでいることを書く②

取り組んでいることをつたえる文章の書き方

〈メモ〉をもとに、じゅんじょよく、文章を書きましょう。

① 今、取り組んでいること
↓
② 力を入れていること(がんばっていること)
↓
③ やりたいこと・なりたいもの・目ひょう

①～③の流《なが》れで、はるとさんが書いた次《つぎ》の文章を読んでみよう。

〈はるとさんの作文〉

① ぼくが、今取り組んでいるのは、ダンスです。ヒップホップダンスのスクールに通っています。
② さい近は、発表会でおどる曲《きょく》を、がんばって練習《れんしゅう》しています。発表会《はっぴょうかい》まであと少しなので、
③ 発表会には、家族《かぞく》や友だちなど、たくさんの人が見に来るので、みんなで、きれいに動《うご》きをそろえて、おどれるようにしたいです。

どうして練習に力を入れているのか、その理由《りゆう》も書くと、読む人により気持《きも》ちがつたわる文章《ぶんしょう》になるね。

❶ あなたが、今、取り組んでいること、これから取り組みたいことを書きましょう。

(れい) 最近は、クッキーを作っている。おかし作り。

❷ ❶で書いたことについて、あなたが力を入れていること(これから取り組みたいことを書いた場合《ばあい》は、力を入れてやってみたいこと)を書きましょう。

(れい) ざいりょうの分りょうを、きっちりはかること。おいしく、きれいにやけるから。

❸ ❷で書いたことを通して、あなたがどうしたいか、どうなりたいかを書きましょう。

(れい) クッキーを食べた家族や友だちに、おいしいと言ってもらいたい。

(れい)は，なぜ，「ざいりょうの分りょうを，きっちりはかること。」に力を入れているのか，理由《りゆう》も書いているね。

❹ ❶～❸で書いた内ようをもとに、あなたが、今、取り組んでいること、または、取り組みたいと思っていることを文章に書きましょう。
❶→❷→❸のじゅん番で書きましょう。

❶ 今、取り組んでいること・取り組みたいこと

❷ 力を入れていること・がんばっていること

❸ やりたいこと・なりたいもの・目ひょう

力を入れている理由も書いてみよう。

(れい) わたしは、おかし作りに取り組んでいて、さい近はクッキー作りにねっ中しています。おいしく、きれいにやけるように、ざいりょうの分りょうをきっちりはかることに力を入れています。クッキーを食べた家族や友だちに、おいしいと言ってもらいたいです。

力を入れている理由を書くときには、「おいしく、きれいにやけるように、」や「発表会《はっぴょうかい》まであと少しなので、」などの書き方を使《つか》って書いてみよう。

46・47ページ

あゆむさんが話していることをよく見て、あてはまるものに○をつけよう。

22 もっと勉強《べんきょう》、研究《けんきゅう》したいことを書く①

きっかけや理由、具体てきな研究内ようの書き出し方

もっと勉強、研究してみたいことを文章《ぶんしょう》に書くために、きっかけや理由、具体てきな研究内ようを書き出して、〈メモ〉を作ります。〈メモ〉をもとに、文章を書きましょう。

◆〈メモ〉に書くこと

① もっと勉強、研究したいこと
れい 動物《どうぶつ》・植物《しょくぶつ》・天気・きょうりゅう・うちゅう
地図・世界《せかい》の国ぐに・れきし人物《じんぶつ》　など

② もっと勉強、研究したいと思ったきっかけ・理由
れい ・植物…図かんで水の中に生えている植物を知って、とてもふしぎだったから。
・きょうりゅう…どうしてぜつめつしてしまったのか気になったから。

③ 具体てきに、調《しら》べてみたいことや行ってみたい場所《ばしょ》
れい ・植物…じっさいにその植物が生えている場所に行って、本物《ほんもの》を見てみたい。
・きょうりゅう…きょうりゅうの生きていた時代《じだい》について、調べる人になりたい。

いつも気になっていることや、もっと知りたいことを考えてみよう。

❶ あゆむさんは、研究してみたいことについて話しています。あてはまるものに○をつけましょう。

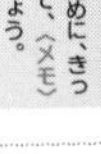
わたしは、イルカについて研究してみたいな。水族館《すいぞくかん》でイルカショーを見たとき、し育員《いくいん》さんの指《し》じにしたがって、とんだり泳《およ》いだりしていたよ。人間の言うことがわかるみたいで、びっくりしたんだ。どうしてあんなに頭がいいのか、調べてみたいな。

(1) あゆむさんがもっと研究したいこと
(○) イルカ
(　) 魚
(　) 水族館

(2) あゆむさんが研究したいと思ったきっかけ・理由
(　) し育員さんが、かっこよかったから。

(○) イルカが、人間の言うことがわかるみたいでおどろいたから。

(　) し育員さんの話がおもしろかったから。

(3) あゆむさんが調べてみたいこと
(　) 何を食べているのかを調べたい。

(　) にた生《い》き物《もの》について調べたい。

(○) どうしてあんなに頭がいいのか調べたい。

❷ まさとさんは、研究してみたいことについて話しています。(　)に合う言葉《ことば》を書き、文章をかんせいさせましょう。

ぼくは、うちゅうについてもっと研究してみたいな。うちゅう人について書かれた本を読んだんだ。うちゅう人は「地球外生命《ちきゅうがいせいめい》」ともいうらしい。いつか、うちゅうに行って、本当にうちゅう人がいるのかどうか、自分の目でたしかめてみたいな。

・もっと勉強、研究したいこと
ぼくは、(うちゅう)について、もっと研究したいです。
・勉強、研究したいと思ったきっかけ・理由
なぜなら、(うちゅう人について書かれた本)を読んだからです。
・調べてみたいこと・行ってみたい場所
いつか、うちゅうに行って、(本当にうちゅう人がいるのかどうか、自分の目でたしかめてみたい)です。

❸ れいさんは、勉強してみたいことについて話しています。(　)に合う言葉を書き、文章をかんせいさせましょう。

わたしは、植物についてもっと勉強したいな。植物園に行って、虫を食べる植物を知ったんだ。わたしの知らない、おもしろい植物が、まだたくさんありそうだから、もっと調べたいな。

わたしは、(植物についてもっと勉強したいです)。

なぜなら、(植物園に行って、虫を食べる植物を知ったからです)。

(わたしの知らない、おもしろい植物が、まだたくさんありそう)なので、もっと調べたいです。


勉強《べんきょう》・研究《けんきゅう》したいと思ったきっかけ・理由は、「なぜなら、～からです。」という書き方で書いてみよう。

❶今、学校で学んでいることでもいいし、学校い外の場所《ばしょ》で学べること、しょう来学んでみたいことでもいいよ。❷理由は「〜から。」という書き方で書こう。

23 もっと勉強《べんきょう》、研究《けんきゅう》したいことを書く❷

もっと勉強、研究してみたいことをつたえる文章の書き方

〈メモ〉をもとに、じゅんじょよく文章を書きましょう。

①もっと勉強、研究してみたいこと
←
②もっと勉強、研究したいと思ったきっかけ・理由《りゆう》
←
③具体《ぐたい》てきに、調《しら》べてみたいことや行ってみたい場所《ばしょ》

①〜③の流《なが》れて、ゆいさんが書いた次《つぎ》の文章を読んでみよう。

①わたしは、きょうりゅうについてもっと勉強してみたいです。
②なぜなら、きょうりゅうがぜつめつした理由は、今もまだわかっていないということを聞いたからです。
③だから、きょうりゅうについて研究して、いつか、ぜつめつした理由を明らかにしたいです。

どうして、もっとくわしく学んでみたいと思ったのか、理由や出来事《できごと》を思い出して書こう。

❶あなたが、もっと勉強、研究してみたいことを書きましょう。

（れい）天気

❷あなたが、❶を、もっと勉強、研究したいと思ったきっかけ・理由を書きましょう。

（れい）毎年、同じような時期に来る台風で、おじいさんの畑の作物がだめになってしまうことがあったから。

❸あなたは、❶について、具体てきにどんなことを調べたり学んだりしてみたいですか。

（れい）台風がどのように発生するのかを研究して、台風の発生や進路を知ることができるようになりたい。

勉強・研究を通して、どんなふうになりたいのか、考えてみよう。

❹❶〜❸で書いた内ようをもとに、あなたが、もっと勉強、研究したいことを文章に書きましょう。❶→❷→❸のじゅん番で書きましょう。

❶、❷、❸、それぞれ、だん落《らく》をかえて書こう。

（れい）

ぼくは、天気についてもっと勉強してみたいです。

なぜなら、毎年同じような時期に来る台風で、ぼくのおじいさんの畑の作物が、だめになってしまうことがあったからです。

台風がどのように発生するのか、その仕組みを研究して、台風の発生や進路を知ることができるようになりたいです。

❶もっと勉強、研究してみたいこと

❷もっと勉強、研究したいと思ったきっかけ・理由

❸具体てきに、調べてみたいことや行ってみたい場所

（れい）のように、勉強したいと思うきっかけになった出来事《できごと》を具体《ぐたい》てきに書くと、あなたがどうしてそれを学びたいと思っているのかが、読む人につたわりやすくなるよ。

24 動植物《どうしょくぶつ》を世話《せわ》したことを書く❶

動植物を世話したことをしょうかいする作文の書き方

家でかっている動物や、学校で世話している生《い》き物《もの》のことを、作文に書きます。

作文を書く前に、はじめ・中・終《お》わりで、〈作文メモ〉を作ろう。

〈作文メモ〉

はじめ	中	終わり
・どんな生き物を育《そだ》てているか れい・ねこ…元のらねこ。名前は「あずき」。 ・花…ヒヤシンス。	・どんなふうに世話しているか ・生き物はどんな様子《ようす》か れい・ヒヤシンスを球根《きゅうこん》から水さいばいで育てている。 ・毎日、水をかえてあげる。明るいところにおく。	・育てて思ったこと、育てた感想《かんそう》 れい・何色の花がさくのか、楽しみにしていたら、ピンク色の花がさいて、きれいだった。

家や学校、クラスで世話している生き物はいるかな？身近《みぢか》な動物や植物を思い出してみよう。

❶はるとさんがかっている犬についてのまん画を見て、〈はるとさんの作文メモ〉の（　）に合う言葉《ことば》を書きましょう。

①
ぼくがかっている犬は、マルチーズというしゅるい。
②
生後三か月からかっていて、今は六さい。

真《ま》っ白《しろ》な毛がつやつやしているから、ブライトと名前をつけたんだ。
③
朝夕のさん歩と食事《しょくじ》の世話は、ぼくの仕事《しごと》。
④
ブライトは、名前をよぶと、しっぽをふってよってくるよ。
⑤
学校に行くときは見送《みおく》ってくれる。

家に帰ると、出むかえてくれる。
⑥
かわいいブライト。いつまでも長生きしてほしいな。

〈はるとさんの作文メモ〉

はじめ	中	終わり
*どんな生き物 ・（マルチーズ）というしゅるいの犬。生後三か月からかっていて、今は六さい。 ・（真っ白）な毛がつやつやしているから、ブライトという名前をつけた。	*どんなふうに世話しているか ・朝夕の（さん歩）と（食事）の世話を、ぼくがしている。 *生き物の様子 ・（名前）をよぶと、しっぽをふってよってくる。 ・学校に行くときは、げんかんまで来て、（見送ってくれる）。 ・家に帰ると、（出むかえてくれる）。	*育てていて思ったこと ・とてもかわいい。いつまでも元気で（長生き）してもらいたい。

はるとさんは、「生き物はどんな様子か」について、

だから、ブライトの様子が、よくつたわ

はるとさんのまん画をよく見て、〈作文メモ〉にあてはまる言葉《ことば》を書きぬこう。「生《い》き物《もの》の様子《ようす》」について、はるとさんは、ブライトとのやりとりを具体てきに書き出しているね。

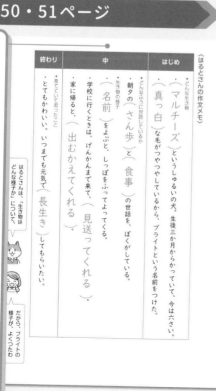

52・53ページ

25 動《どう》植《しょく》物《ぶつ》を世《せ》話《わ》したことを書く ②

文章《ぶんしょう》を書く前の〈作文メモ〉の見直し方

原こう用紙に文章を書き始《はじ》める前に、〈作文メモ〉を見直しましょう。

〈はるとさんの作文メモ〉

はじめ
●どんな生《い》き物《もの》 ・マルチーズというしゅるいの犬。 ・生後三か月からかっていて、今は六さい。 ・真《ま》っ白《しろ》な毛がつやつやしているから、ブライトという名前をつけた。
●どんなふうに世話《せわ》しているか ・朝夕のさん歩と食事《しょくじ》の世話を、ぼくがしている。

ぼくが学校から帰ってきたときのブライトの様子を、もっとくわしく書きたいな。

家に帰ったときは、急《いそ》いでかけよってきて、うれしそうにじゃれてくる。

ブライトの様子《ようす》や具体《ぐたい》てきなやりとりがくわしく書かれているので、終《お》わりの「こんなにかわいいブライトには、いつまでも元気で長生きしてもらいたい」という、はるとさんがブライトを大切にする気持《きも》ちが強くつたわってくるよ。

❶ 右ページの〈はるとさんの作文メモ〉を見て、〈はるとさんの作文〉の（　）に合う言葉《ことば》を書きましょう。うすい字はなぞりましょう。

〈はるとさんの作文〉

はじめ

ぼくの家では、（マルチーズというしゅるいの犬）をかっています。生後三か月からかっていて、今は六さい（です）。真っ白な毛がつやつやしているから、ブライトという名前をつけました。

中

朝夕のさん歩と食事の世話は、ぼくが（しています）。（ブライトは）、名前をよぶと、しっぽをふってよってきます。ぼくが学校へ行くときは、げんかんまで来て見送ってくれます。（ぼくが）家に帰ってきたときは、急いでかけよってきて、うれしそうにじゃれてきます。

終わり

こんなにかわいいブライトには、（いつまでも元気で長生きしてもらいたいです）。

はじめ・中・終わりで、だん落《らく》をかえよう！

54・55ページ

はるとさんのまん画をよく見て、〈原こうメモ〉にあてはまる言葉《ことば》を書きぬこう。

26 自《じ》由《ゆう》研《けん》究《きゅう》を発《はっ》表《ぴょう》する原こうを書く ①

自由研究を発表するときの原こうの書き方

自由研究を発表するときは、絵や図表《ずひょう》、グラフといったしりょうをしめすと、調《しら》べた内ようがよりつたわりやすくなります。

調べた内ようをメモにまとめるときには、どんなことがわかったか（どんなことがわからなかったか）を書いておこう。

はるとさんが自由研究をした様子《ようす》をいっしょに見てみよう！

〈はるとさんの自由研究〉

〈原こうメモ〉

はじめ	中	終《お》わり
テーマをえらんだきっかけ・理由《りゆう》	・調べ方のしょうかい ・調べてわかったこと	調べ終わって気づいたこと・思ったこと

発表するときの原こうも、はじめ→中→終わりの流《なが》れで考えよう。

❶ 上のはるとさんのまん画を見て、次の〈はるとさんの原こうメモ〉の（　）に合う言葉《ことば》を書きましょう。うすい字はなぞりましょう。

〈はるとさんの原こうメモ〉

はじめ	中	終わり
●テーマをえらんだきっかけ・理由 （おじいさん）の家のとなりにある蔵《くら》で、見たことのない、昔の道具を見つけた。	●調べ方のしょうかい ・おじいさんの蔵《くら》で、道具の（写真）をとった。 ・昔の生活をてんじしている（はく物館）に行って、くわしく調べた。 ●調べてわかったこと 「長火ばち」 ・はいを入れてその上で炭《すみ》をもやして使《つか》う。 ・だんぼうや湯《ゆ》をわかすのに使っていた。 ・今のストーブやコンロにあたる。 「火のし」 ・水をくむひしゃくのような形。 ・わんの部分《ぶぶん》にあつい炭を入れ、わんのそこを衣服《いふく》に当てて使う。しわをのばす道具。 ・今の（アイロン）にあたる。	●調べ終わって気づいたこと・思ったこと ・電気やガスがない時代《じだい》、人々はいろいろな道具をくふうして使っていたことがわかった。 ・ほかにも古い道具をさがして、調べてみたいと思った。

とった写真《しゃしん》やはく物館でもらったパンフレットなどのしりょうの使

はるとさんがまとめた〈原こうメモ〉には、はく物館《ぶつかん》で調《しら》べてわかったことも書いているよ。調べてわかったことは、何かな。読んでかくにんしておこう。

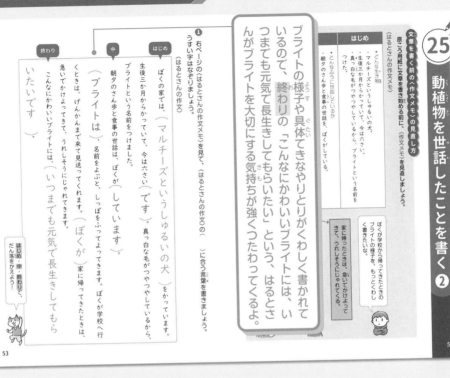

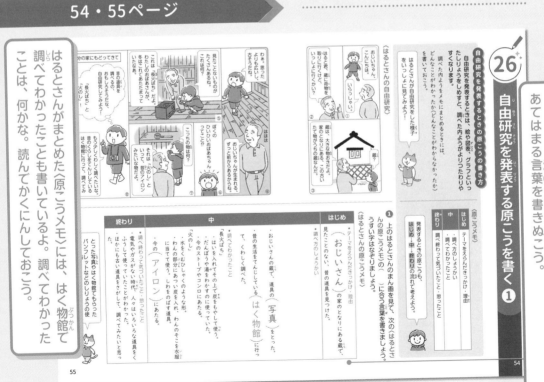

56・57ページ

発表《はっぴょう》を聞く人の立場になって、何のしりょうがあれば、わかりやすくなるのかを考えよう。はるとさんは、クラスのみんなも昔《むかし》の道具《どうぐ》を見たことがないかもしれないので、写真《しゃしん》を見せながら発表することにしたんだね。

27 自由研究《じゆうけんきゅう》を発表《はっぴょう》する原こうを書く ②

発表するときのくふう

発表するときは、聞いている人によびかけたり、問《と》いかけたりする言い方で発表するとよいでしょう。

よびかけたり、問いかけたりする言い方

- 〜を見てください。
- 〜を聞いてください。
- これは何でしょう。
- これは何だかわかりますか。
- これは何だと思いますか。
- 〜を知っていますか。
- 〜を知りませんか。
- 〜を見たことはありませんか。

より発表に引きこまれるね！

しりょうの使い方

調《しら》べたものをしょうかいしたり、せつ明したりするときに、聞いている人にしりょうを見せましょう。言《こと》葉《ば》だけでせつ明するよりも、より聞き手につたわりやすくなり、なっとくしてもらえる発表になります。

図《ず》やグラフ　パンフレット　写真《しゃしん》や絵

❶ 54・55ページの〈はるとさんの原こうメモ〉と、次《つぎ》のしりょう写真《しゃしん》を見て、〈はるとさんの発表原こう〉の（　）に合う言葉を書きましょう。うすい字はなぞりましょう。

ぼくは、「長火《なが ひ》ばち」と「火《ひ》のし」の写真をみんなに見せながら発表するぞ！

〈しりょう①　長火ばちの写真〉

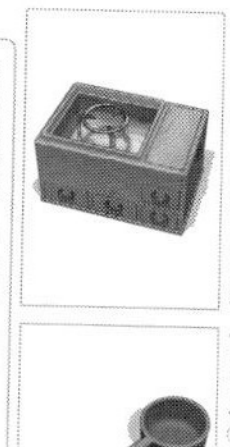

〈しりょう②　火のしの写真〉

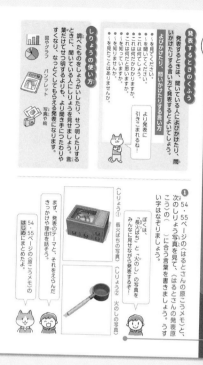

まず、発表のテーマと、それをえらんだきっかけや理由《りゆう》を話そう。

54・55ページの〈原こうメモ〉のはじめにまとめたよ。

〈はるとさんの発表原こう〉

はじめ

先日、おじいさんの家へ遊《あそ》びに行ったとき、家のとなりにある蔵《くら》の中で、見たことのない昔《むかし》の道具《どうぐ》を（見つけました）。その時、気になったので、見つけた道具を写真にとっておきました。そして、これらがどんな道具なのかをくわしく調べるために、昔の生活をてんじしているはく物館《ぶつかん》に行きました。

中

（しりょう①を見せながら）（これは、何の道具かわかりますか）。

これは、「長火ばち」といって、はいを入れてその上で炭《すみ》をもやす道具です。昔、だんぼうやお湯《ゆ》をわかすために使っていました。今、ぼくたちが使っているストーブやコンロにあたります。

（しりょう②を見せながら）（次に、これは、何の道具かわかりますか）。

これは、「火のし」といって、水をくむひしゃくのような形をした道具です。おわんの部分《ぶぶん》にあつい炭を入れて、おわんのそこを衣服《いふく》に当てると、しわをのばすことができます。今、ぼくたちが使っているアイロンですね。

終わり

電気やガスがない時代《じだい》、人々はいろいろな道具をくふうして使っていたことが（わかりました）。ほかにも古い道具をさがして、どういうふうに使っていたのか、（調べてみたいと思いました）。

調べてわかったことについては「わかりました」や「わかります」、話などを聞いて知ったことについては

問《と》いかける言い方は、「これは、何の道具かわかりますか。」のほかに、「これは、何でしょう。」「これは、何の道具だと思いますか。」などの言い方でもいいよ。

58・59ページ

28 体験《たいけん》したことを書く ①

体験したことをつたえる作文の書き方

体験したことをつたえる作文を書くときは、次《つぎ》のような〈作文メモ〉をまとめましょう。

いちばん楽しかったこと、いちばんむずかしかったことなど、くわしく思い出せることを書こう。

〈作文メモ〉

はじめ	いつ・どこで・だれと・どんな体験をしたか れい・工作・キャンプ・つり・りょう理 ・海水よく・いちごがり　など
	体験したことのくわしい内よう ・はじめに何があったか

❶ 次のまん画を見て、左ページの〈ゆいさんの作文メモ〉の（　）に合う言《こと》葉《ば》を書いて、メモの中の部分《ぶぶん》をまとめましょう。

先週の日曜日に、お母《かあ》さんとカレーライスを作ったことを書こうかな。

カレーライスは、次のじゅんじょて作ったよ！

ゆいさんのまん画をよく見て、〈作文メモ〉にあてはまる言葉を書きぬこう。①、②、③…などを使《つか》ってじゅん番をメモしておくと、作文を書くときに、わかりやすいね。

〈ゆいさんの作文メモ〉

はじめ	・いつ…先週の日曜日 ・どこで…家で ・だれと…お母さん ・どんな体験…カレーライスを作った
中	・体験（カレーライスを作るじゅんじょ） はじめに何があったか ①（具ざい）を切る。 次に何があったか① ②切った具ざいを（いためる）。 次に何があったか② ③（水）を入れて、具ざいが（やわらかく）なるまでにこむ。 さいごにどうしたか ④カレールウを入れて、さらに（にこむ）。できあがり。
終わり	・体験して思ったこと・感想 自分で切った具ざいは、大きかったり小さかったりしたけれど、味《あじ》はおいしかった。 今度《こんど》は、もっとおいしく作れるようになりたい。

❷ 上の〈ゆいさんの作文メモ〉を見て、〈ゆいさんの作文〉の（　）に合う言葉を書きましょう。うすい字はなぞりましょう。

〈ゆいさんの作文〉

わたしは、先週の日曜日に、（家）で、（お母さん）とカレーライスを（作りました）。

カレーライスを作る時は、（まず）、具ざいを切ります。（次に）、切った具ざいをいためます。（それから）、水を入れて、具ざいがやわらかくなるまで（にこみます）。（さいごに）、カレールウを入れて、さらににこんだら、できあがりです。

自分で切った具ざいは、（大きかったり小さかったり）したけれど、味はおいしかったです。今度は、もっとおいしく作れるように（なりたいです）。

「まず」「次《つぎ》に」「それから」「さいごに」などの、じゅんじょを表《あらわ》す言葉を使って、作ったじゅん番どおりに書いているよ。

60・61ページ

29 体験《たいけん》したことを書く②

出来事をじゅんじょどおりに書く

❶ あなたの〈作文メモ〉を作りましょう。

〈作文メモ〉（れい）

はじめ	・いつ　きのう ・どこで　学校の工作クラブ ・だれと　こ問の林先生 ・どんな体験　友だちのさくらさんにおくるたん生日カードを手作りした。
（中）	・体験 ①カードの台紙やおり紙、のりなど、ざいりょうを用意した。 ②おり紙をちぎってカードにはり、ちぎり絵で、さくらさんがすきな、ねこの絵をかいた。 ③絵の横に、おいわいのメッセージを書いた。 ④カードをふうとうに入れた。かんせい。
終わり	・体験して思ったこと・感想《かんそう》 かわいいカードが作れたのでまん足。さくらさんにカードをわたすのが楽しみだ。

（れい）のような、もの作り体験《たいけん》は、作った手じゅんを①・②・③…などを使《つか》ってメモするといいね。運動《うんどう》や遊《あそ》びなどの体験も、同じように、したことや起《お》こったことのじゅん番にそって書いていこう。

文のはじめにこれらの言葉があると、

はじめは、「いつ、どこで、だれと、何をしたのか」を文にまとめよう。

❷ 右ページの❶の〈作文メモ〉を見て、文章《ぶんしょう》を書きましょう。うすい字はなぞりましょう。（れい）

じゅんじょを表す言葉を使《つか》って、書こう。
・はじめに
・次に
・それから
・さいごに
など

はじめ
わたしは、きのう、学校の工作クラブで、こ問の林先生に教えてもらいながら、友だちのさくらさんにおくるたん生日カードを手作りしました。

中
はじめに、カードの台紙やおり紙、のりなど、ざいりょうを用意しました。次に、おり紙をちぎってカードにはり、ちぎり絵でねこの絵をかきました。さくらさんは、ねこがすきだからです。それから、絵の横に、おいわいのメッセージを書きました。さいごに、カードをふうとうに入れて、かんせいです。

終わり
かわいいカードが作れたので、まん足しています。さくらさんにカードをわたすのが、今から楽しみです。

60

中は、じゅんじょを表《あらわ》す言葉《ことば》を使って書けたかな。（れい）は、「はじめに」「次《つぎ》に」「それから」「さいごに」という言葉を使っているね。ほかの言葉を使ってもいいよ。ドリルの60ページのまとめをもう一度《いちど》かくにんしよう。

62・63ページ

30 地いきの活動《かつどう》について書く①

地いきの活動についてつたえる作文の書き方

お祭《まつ》りやボランティア活動など、地いきの行事《ぎょうじ》や活動にさんかしたり、地いきの人と交流《こうりゅう》したりしたことを作文に書きましょう。
次《つぎ》のような〈作文メモ〉を作りましょう。

〈作文メモ〉

はじめ	いつ、どこで、どんな活動をしたか
中	・活動にさんかしたときの様子《ようす》 ・さんかしているときの出来事《できごと》 ・地いきの人たちの様子
終わり	さんかして思ったこと・感想《かんそう》

たとえば、
・地いきの夏祭《なつまつ》り
・せいそう活動
・ろう人クラブでお年よりとの交流

❶ はるとさんが、地いきのお祭りにさんかしたことについて〈作文メモ〉を作りました。次のまん画を見て、左ページの〈はるとさんの作文メモ〉の（　）に合う言葉《ことば》を書きましょう。

さんかしたとき、どんなことがあったか、くわしく思い出してみたよ！

62

はるとさんのまん画をよく見て、〈作文メモ〉にあてはまる言葉を書きぬこう。

〈はるとさんの作文メモ〉

はじめ	・いつ　夏休み中、八月二十日 ・どこ　家の近くの神社《じんじゃ》のお祭り ・何をした　子どもみこしにさんかした。
中	・活動にさんかしたときの様子・出来事 ・町内に住む小学生が、（十人）ほど集まっていた。 ①・町内会の大人たちが（世話役）になって、いろいろと教えてくれた。 ②・子どもみこしをひいて、二十分くらい町内を（回った）。 ・（もどって）くると、おかしや飲み物が用意されていて、みんなよろこんでいた。
終わり	・さんかして思ったこと・感想 ・みこしをひいていると、町の人たちが、「がんばれ！」と、声をかけてくれたので、とても力がわいた。 ・来年もかならずさんかしたいと思う。

❷ はるとさんは、上の〈作文メモ〉を見直して、①・②の様子を、くわしく書き直しました。

① ・町内会の大人たちが世話役になって、子どもたちに、子どもみこしのひき方を教えたり、じゅん番を指じしたりしました。

② ・子どもみこしをひいて、二十分くらいかけて町内のいろいろな地区を回って、神社の空き地にもどった。

次の〈はるとさんの作文〉の（　）にあてはまる言葉を書きましょう。うすい字はなぞりましょう。

〈はるとさんの作文〉

ぼくは、夏休み中の八月二十日に、家の近くの神社のお祭りで、子どもみこしにさんか（しました）。
（子どもみこしには）、町内に住む小学生が十人ほど集まっていました。はじめに、町内会の大人たちが世話役になって、（子どもたちに子どもみこしのひき方を教えたり、じゅん番を指じしたり）しました。それから、子どもみこしをひいて、二十分くらいかけて（町内のいろいろな地区を回って、神社の空き地に）もどってきました。もどってくると、おかしや飲み物が用意されていて、みんなよろこんでいました。
みこしをひいていると、町の人たちが、「がんばれ！」と声をかけてくれたので、とても力がわきました。来年もかならずさんかしたいと思います。

63

ドリルの52ページで学んだように，〈作文メモ〉は〈作文〉にまとめる前に読《よ》み返《かえ》して，くわしく書きたいと思ったところは書き直しておこう。

64・65ページ

地いきの祭《まつ》りや行事《ぎょうじ》、もよおし、ボランティア活動《かつどう》など、何でもいいよ。あなたがさんかした活動について書いてみよう。

31 地いきの活動《かつどう》について書く❷

❶ 地いきの活動にさんかしたことを作文に書きます。あなたの〈作文メモ〉を作りましょう。（れい）

はじめ
・いつ　七月六日
・どこ　春野川の下流にある川原
・何をした　ごみのせいそう活動

中
・活動にさんかしたときの様子・出来事・地いきの人たちの様子
・春野町に住む人が、三十人集まった。
・一人一まいごみぶくろを持って、川原のごみを拾った。
・草の中や水ぎわにたくさんのごみが落ちていた。
・町のしょく員さんが、いろいろなことを教えてくれた。

終わり
・さんかして思ったこと・感想
・ごみのない春野川はきれいで気持ちがいい。
・これからは、町の中でごみを見つけたら、拾いたいと思った。

〈作文メモ〉を見直して、もう少しくわしく書いたほうがよいと思ったところは、ここに書こう。
・だれがここにすてたんだろうと思った。
・「原いんは、ポイすてだけじゃない。町のごみが風で川に集まってしまうんだよ。」と教えてくれた。

64

〈作文メモ〉を読《よ》み返《かえ》して，くわしく書きたいと思ったことは，（れい）のように下に書きくわえておこう。

❷ 右ページの❶の〈作文メモ〉を見て、文章を書きましょう。（れい）

はじめ
ぼくは、七月六日に、春野川の下流にある川原で、ごみのせいそう活動にさんかしました。

中
せいそう活動には、春野町に住む人が、三十人集まりました。そして、一人一まいごみぶくろを持って、川原のごみを拾いました。草の中や水ぎわにたくさんのごみが落ちていて、だれがここにすてたんだろうと思いました。すると、町のしょく員さんが、原いんはポイすてだけではなく、町のごみが風で川に集まってしまうのだ、と教えてくれました。

終わり
ごみのない春野川は、きれいで気持ちがいいです。これからは、町の中でごみを見つけたら、拾いたいと思いました。

中を書くときには、〈作文メモ〉を見ながら、出来事《できごと》のじゅん番にそって書いていこう。（れい）のように、「そして」「すると」などの「つなぎ言葉（せつぞく語）」を使って書いてみよう。

66・67ページ

32 かんさつしたことを文章《ぶんしょう》に書く❶

かんさつメモのまとめ方

生き物や植物をかんさつして、わかったことをせつ明する文章を書きます。

① かんさつする物を決めよう。
② かんさつして、気になったところを記ろくして、〈かんさつメモ〉を作ろう。
③ はじめ・中・終わりの内ようのじゅんに、メモをならべよう。

はじめ	・かんさつしたきっかけ・理由
中	・かんさつメモの内よう
終わり	・かんさつして、わかったこと ・かんさつして、思ったこと・感想

④ ならべかえたメモをもとに、文章を書こう。

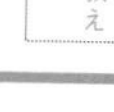
どんなふうに〈かんさつメモ〉を作るのか、はるとさんのメモを見てみよう！

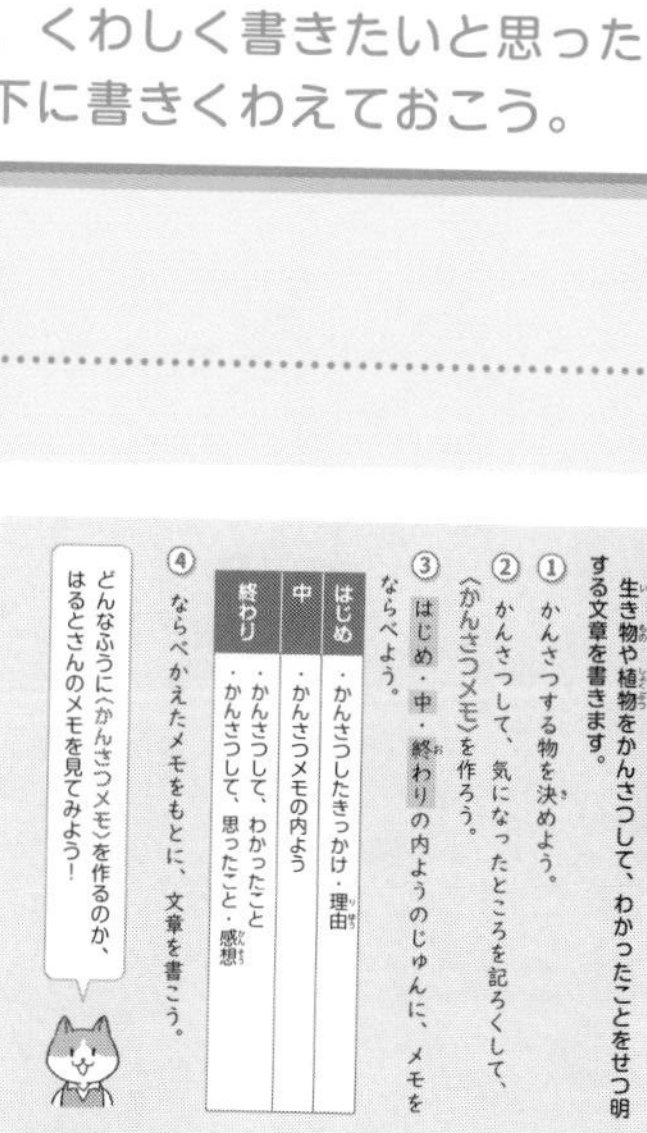
はるとさんは，どうしてミニトマトをかんさつすることにしたの？
いつも食べるミニトマトが，どんなふうに実をつけるのか知りたくて，自分で育てて，かんさつすることにしたんだよ。
なるほど！それがミニトマトをかんさつした理由だったんだね。これはメモに書いておこう。

かんさつしたきっかけ
・いつも食べているミニトマトが，どのように実をつけるのか知りたい。

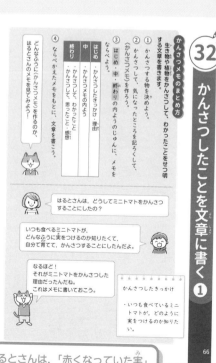

66

❶ 〈8月1日のミニトマト〉のイラストを見て、8月1日の〈はるとさんのかんさつメモ〉の（　）に合う言葉を書きましょう。うすい字はなぞりましょう。

〈はるとさんのかんさつメモ〉

6月1日(木)はれ
・ミニトマトのなえを庭《にわ》に植《う》えた。
・なえには，黄色の花が1つさいている。
・葉が10まいほどついている。

6月24日(土)くもり
・花は，星の形のように先がとがっている。
・花の大きさは，2センチメートルくらいだ。
・全部で10こさいている。
・まだつぼみの花は5こあった。

7月10日(月)くもり
・花がかれてから10日くらいで，緑色の実がついた。
・実はまだ小さい。

7月25日(火)くもり
・なえを植えてから，55日目。
・緑色の実が8こできていたが，大きさはばらばらで，いちばん大きいものはビー玉くらいあった。
・緑色の実はつるつるしていて，赤いトマトと同じにおいがした。

8月1日(火)はれ
・まだ緑色の実と，（もう）赤くなった実がある。
・（赤く）なっていた実をすぐ食べてみた。
・色は赤いけど，まだ（すっぱかった）。
・あまくなるまで，もう少し（待つ）ことにした。

すっぱい！
〈8月1日のミニトマト〉

生き物をかんさつするときには，
・形 ・大きさ(長さ) ・数 ・色
・さわった感じ ・音
・動き ・におい
などに注目してメモしよう。

67

〈かんさつメモ〉は、カードやノートに書いていこう。生《い》き物《もの》や植物《しょくぶつ》が育《そだ》つ様子《ようす》をかんさつするときは、日づけ（月日）や曜日、天気などを書いておくと、後で読み返したときに、へん化がよくわかるね。

〈8月1日のミニトマト〉の絵を見ると，はるとさんは，「赤くなっていた実《み》」をえらんで食べたよ。でも，まだ実がじゅくしていなかったみたいだね。「あまくなかった」などと書いてもいいよ。

68・69ページ

33 かんさつしたことを文章《ぶんしょう》に書く②

❶ はるとさんは、〈かんさつメモ〉をはじめ→中→終《お》わりのじゅんにならべて、〈かんさつ文〉を書きます。

〈はるとさんのかんさつメモ〉

じゅん番にならべかえたよ。
このじゅん番で，
〈かんさつ文〉を書けばいいね。

はじめ

かんさつしたきっかけ
・いつも食べているミニトマトが，どのように実《み》をつけるのか知りたい。

中

6月1日(木)はれ
・ミニトマトのなえを庭《にわ》に植《う》えた。
・なえには，黄色の花が1つさいている。
・葉《は》が10まいほどついている。

6月24日(土)くもり
・花は，星の形のように先がとがっている。
・花の大きさは，2センチメートルくらいだ。
・全部《ぜんぶ》で10こさいている。
・まだつぼみの花は5こあった。

7月10日(月)くもり
・花がかれてから10日くらいで，緑《みどり》色の実がついた。
・実はまだ小さい。

7月25日(火)くもり
・なえを植えてから，55日目。
・緑色の実が8こできていたが，大きさはばらばらで，いちばん大きいものはビー玉くらいあった。
・緑色の実はつるつるしていて，赤いトマトと同じにおいがした。

8月1日(火)はれ
・まだ緑色の実と，もう赤くなった実がある。
・赤くなった実をすぐ食べてみた。
・色は赤いけれど，まだすっぱかった。
・あまくなるまで，もう少し待つことにした。

終わり

まとめ
・花がかれたところに実ができることを知って，びっくりした。
・実が赤くなっても，すぐにはあまくならないことがわかった。

68

(1) 右ページの〈はるとさんのかんさつメモ〉を見て、〈はるとさんのかんさつ文〉の（　）に合う言葉《ことば》を書きましょう。うすい字はなぞりましょう。

〈はるとさんのかんさつ文〉

ミニトマトの花が実になるまで
木本《きもと》　はると

はじめ
1．かんさつしたきっかけ
ぼくは，いつも食べているミニトマトが，（どのように）実をつけるのか知りたかったので，ミニトマトをかんさつすることにしました。

中
2．かんさつしたこと
(1)ミニトマトの花──星の形（のように）先がとがっていて，大きさは2センチメートルくらいです。
(2)ミニトマトの実──花がかれたところに実がつきました。なえを植えてから（55日）目に，緑色の実が8こできていた。緑の実はつるつるしていて，赤いトマトと同じ（におい）がしました。
赤くなった実をすぐに食べると，（まだ、すっぱかったです）。

終わり
3．まとめ
自分でミニトマトをさいばいしてみたら，花がかれたところに実ができることがわかって，びっくりしました。実が赤くなっても，すぐには（あまくならないことがわかりました）。

はるとさんは，見出しに数字を入れて，内ようのまとまりをわかりやすくしているよ。

組み立ての中にあたる〈かんさつメモ〉は、日づけじゅんにならべたよ。ミニトマトの生長とへん化《か》がよくわかるようになったね。

はじめ・中・終《お》わりの組み立てごとに，見出しをつけて書いているよ。中は，さらに(1)「花」・(2)「実《み》」に分けて書いているね。

70・71ページ

34 調《しら》べたことをほうこくする①

調べてわかったことをほうこくする文章の書き方

知りたいことや気になったことについて調べ、わかったことをほうこくする文章を書きます。

① 調べたいことを見つけよう。
　① ふしぎに思うことや気になることを集《あつ》める。
　② その中で、とくに調べたいことを決《き》める。
　③ どうして調べたいと思ったのか、理由《りゆう》を〈メモ〉しておく。

② 調べる方ほうを決めよう。

・本やしりょうで調べる	知りたいことについての本やしりょうを、図書館《としょかん》などに行ってさがして読む。
・人に聞く	先生やせんもん家など、くわしく知っている人に聞く。
・インターネットで調べる	知りたいことについての言葉《ことば》をけんさくエンジンに入力して調べる。
・かんさつする	調べるものをよく見たりさわったりして、気づいたことを記ろくする。

③ 調べたことを〈メモ〉に書こう。
　調べてわかったことと感想《かんそう》は分けてメモする。

④ 〈メモ〉を整理《せいり》しよう。
　① 内ようのまとまりごとに、メモをならべる。
　② 内ようのまとまりに、見出しをつける。

⑤ 〈メモ〉をもとに文章を書こう。

れい ゆいさんの文章を見てみましょう。

わたしは、セミのことでも、とくに「セミの鳴く時間」について調べることにしたよ。

太字のところが「見出し」だね！

セミはいつ鳴いているのか
3年2組　太田《おおた》　ゆい

1．調べた理由
わたしは，セミの鳴き声がよく聞こえる時間と，聞こえない時間があることに気がつきました。そこで，セミが鳴く時間について調べることにしました。
2．調べ方
まず，家の近くでセミの鳴き声がする時間をメモしました。それから，図書館に行って，セミについて調べました。
3．調べてわかったこと
(1)ミンミンゼミ
朝8時半ごろから昼の2時半ごろまで鳴くそうです。…(りゃく)…本によると，セミはしゅるいによって，鳴く時間がちがうことがわかりました。
4．調べた感想
ほかのセミが鳴く時間も，調べたいと思いました。

❶ 次《つぎ》の文は、どの調べ方について書いたものでしょうか。ア～エからえらんで、（　）に記号《きごう》を書きましょう。

(1) 知りたいことについての言葉をけんさくエンジンに入力して調べる。（エ）
(2) 調べるものをよく見たりさわったりして、気づいたことを記ろくする。（イ）
(3) 知りたいことについての本やしりょうを、図書館などに行ってさがして読む。（ア）
(4) 先生やせんもん家など、くわしく知っている人に聞く。（ウ）

ア 本やしりょうで調べる。
イ かんさつする。
ウ 人に聞く。
エ インターネットで調べる。

知りたいことに合わせて、調べ方をえらぼう！

70

❷ 次の文章の□には見出しが入ります。ア～エからえらんで、（　）に記号を書きましょう。

(1)（ウ）　(2)（エ）　(3)（ア）　(4)（イ）

ア 調べてわかったこと
イ 調べた感想
ウ 調べた理由
エ 調べ方

本で調べたときは、調べた本の題名《だいめい》などもメモしておこう。

ツバメはどうしていどうするのか
3年3組　川合《かわい》　こうすけ

1．[(1)]
ぼくは，学校に毎年やって来るツバメについて調べました。どうしてかならず春にやって来るのか知りたかったからです。
2．[(2)]
まず学校の先生に聞いてみました。すると，図書館にある本を教えてくれたので，その本で調べました。
3．[(3)]
(1)エサ
春から秋ごろまで，ツバメのいるねったい雨林では，ツバメのエサになる虫があまりいないそうです。そのため，その時期《じき》にエサがたくさんある日本にとんで来ることがわかりました。…(りゃく)…
4．[(4)]
ツバメが日本でたくさんエサを食べて，元気に帰れるといいなと思いました。

71

❷の見出しのつけ方については、上のゆいさんの文章《ぶんしょう》を見てみよう。ドリルの72ページのまとめでほうこく文の組み立てをおさえよう。

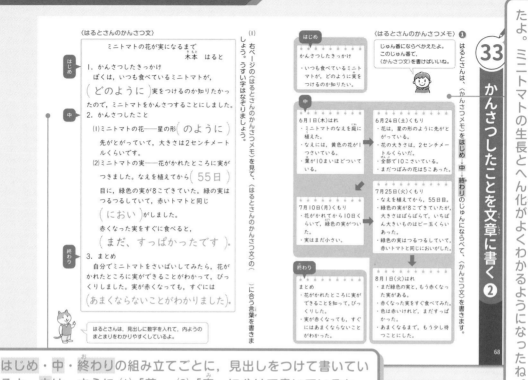

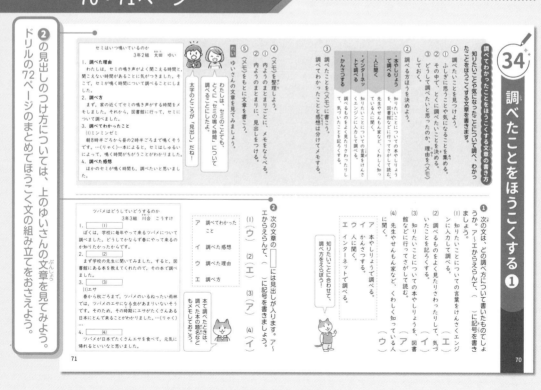

〈かなさんのメモ〉を、ほうこく文の組み立てにしたがってならべかえるよ。

35 調《しら》べたことをほうこくする②

調べたことをほうこくする作文の組み立て方

〈組み立て方のれい〉のように、文章を組み立てると、読んでいる人にわかりやすくつたわります。

〈組み立て方のれい〉

題名《だいめい》　名前
1. 調べた理由《りゆう》
2. 調べ方
3. 調べてわかったこと
(1)ミンミンゼミ
(2)アブラゼミ
……
4. 調べた感想《かんそう》

調べてわかったことは、しゅるいや理由ごとに整理《せいり》するとわかりやすいよ。

❶ 〈かなさんのメモ〉を見て、次《つぎ》のページの〈かなさんのほうこく文〉の（　）に合う言葉《ことば》を書きましょう。うすい字はなぞりましょう。

〈かなさんのメモ〉

題名
題名（調べること）
・学校にある，葉《は》の色がかわって落《お》ちる木のしゅるいは何か。

1. 調べた理由
・学校にある木には，葉の色がかわって葉が落ちる木と，葉が緑《みどり》色のままで葉が落ちない木がある。
・色がかわって葉が落ちる木のしゅるいを知りたいと思った。

3. 調べてわかったこと
●イチョウ
・秋に葉が黄色くなる。
・ぎんなんという実《み》をつける。

3. 調べてわかったこと
●ケヤキ
・秋に葉が黄色，赤色，だいだい色になる。
・葉の色は，木によってちがう。

2. 調べ方
・学校に植《う》えられている木の名前を先生に聞いた。
・図書館《としょかん》の植物《しょくぶつ》図かんで，教えてもらった木について調べた。

出典・さん考しりょう
出典《しゅってん》・さん考しりょう
『植物図かん　秋』
（2020年，〇〇社）

3. 調べてわかったこと
・学校には3しゅるいの，葉の色がかわって葉が落ちる木があった。
・葉の色がかわって葉が落ちる木の中でも，しゅるいによって葉の色がちがうことがわかった。

4. 調べた感想
・同じしゅるいの木でも，葉がちがう色にかわる木もあることをはじめて知り，おどろいた。

3. 調べてわかったこと
●ソメイヨシノ
・秋に葉が赤くなる。
・さくらのしゅるいの一つ。

メモのじゅん番は，バラバラになっているよ。〈かなさんのほうこく文〉をよく見て，どのメモから書かれているかかくにんしよう。

「出典・さん考しりょう」には，使《つか》った本やしりょうの題名，発行《はっこう》された年，発行した所《ところ》などを書くよ。調べたときにメモしておこう。

〈かなさんのほうこく文〉

学校にある，葉の色がかわって落ちる木のしゅるい
3年1組　平野　かな

1. 調べた理由
学校にある木には，葉の色がかわって落ちる木と，葉の色がそのままで落ちない木があります。わたしは，葉の色がかわって落ちる木のしゅるいを（知りたい）と思ったので，調べました。

2. 調べ方
（まず），植えられている木の名前を先生に聞きました。（それから），図書館の植物図かんで，教えてもらった木について（調べました）。

3. 調べてわかったこと
(1)イチョウ
秋に葉が黄色くなります。ぎんなんという実をつけます。
(2)（ソメイヨシノ）
秋に葉が赤くなります。さくらの木のしゅるいの一つです。
(3)ケヤキ
秋に葉が黄色，赤色，だいだい色になります。（葉の色は木によってちがいます）。
(4)まとめ
学校には3しゅるいの葉の色がかわって葉が落ちる木がありました。その中でも，しゅるいによって葉の色がちがうことがわかりました。

4. 調べた感想
ケヤキ（のように），同じしゅるいの木でも，木によって葉の色がかわるものもあることをはじめて知り，おどろきました。

〈出典《しゅってん》・さん考しりょう〉
『植物図かん　秋』（2020年，〇〇社）

かなさんは，「3. 調《しら》べてわかったこと」で，木のしゅるいを調べて，しゅるいごとに(1)〜(3)のこう目を立てて，わかったことを書いたよ。そして，(1)〜(3)を通してわかることを「(4)まとめ」のこう目で書いているね。あなたのほうこく文のさん考にしてみよう。

36 ポスターを作る①

ポスターが知らせたいことの読み取り方

ポスターは，商品《しょうひん》のせんでんや，きまりやマナーのよびかけ，もよおしや行事《ぎょうじ》のあん内などの知らせたいことを一まいの紙にまとめたものです。
言葉《ことば》や写真《しゃしん》，絵などを組み合わせて，人の注意《ちゅうい》を引きつけるくふうをしている。
ポスターが作られた目てきや，つたえたい相手《あいて》を考えて，内ようを読み取ろう。

〈ポスターのれい①〉

ふだん，なにげなく見ているポスターだけど，よく見るといろいろなくふうがわかるね！

〈ポスターのれい②〉

〈ポスターのれい③〉

❶ 次《つぎ》の二つのポスターは，それぞれ同じもよおしをつたえています。どんなちがいがあるか見て，後の問題《もんだい》に答えましょう。

(1) ア・イは，何をつたえるポスターですか。
〔チューリップ祭り〕

(2) ア・イのポスターについて，合うほうの言葉を〇でかこみましょう。
① アは，丸っぽい文字で〔かたい・（やわらかい）〕感《かん》じがする。
② イは，人物《じんぶつ》がいないので，〔にぎやかな・（落《お》ち着いた）〕感じがする。
③ イのキャッチコピーは，もよおしについてくわしくせつ明して〔（いる）・いない〕。
④ アは，もよおしの時間が出ているので，見る人に〔（親切だ）・わかりにくい〕。

二つのポスターを見くらべて，ちがいを見つけよう！

ポスターは，いちばん知らせたいこと（何をするか）やキャッチコピーを大きく書こう。文字の形（書体）や，絵や写真《しゃしん》のふんい気などで，見る人の受《う》ける感《かん》じがかわるよ。

76・77ページ

「だれにでも自分に合った本があるということをキャッチコピーにしたいよ。」と言っているね。

37 ポスターを作る ❷

❶ ゆいさんたちは、校内の「読書週間」に使《つか》うポスターを作ります。どんなポスターにするか、話し合った内ようを〈メモ〉にまとめました。〈メモ〉の（　）に合う言葉《ことば》を書きましょう。

読書週間が、いつからいつまでかを書かないといけないね。

読書の楽しさをつたえたいな。図書室にはたくさんおもしろい本があるよ。

そうだね。ふだん本を読まない人も、本を手にとってほしいな。

だれにでも自分に合った本があるということをキャッチコピーにしたいよ。

ポスターには、学年にかん係《けい》なく親しめる絵があるといいね。

動物《どうぶつ》をイラストにしたらどうだろう。

動物が楽しそうに本を読んでいるところがいいんじゃないかな。

〈メモ〉
- ポスターに書くこと
  読書週間…十一月五日～十一月十九日
- つたえたいこと
  - 読書の（楽しさ）をつたえたい。
  - 図書室にはたくさんおもしろい本がある。
  - だれにでも自分に合った本がある。
- キャッチコピー
- ポスターのイラスト
  （学年）にかん係なく親しめるように、（動物が楽しそうに本を読んでいる）絵を入れる。

ゆいさんたちの意見《いけん》で作るポスターは、どんなポスターになるのかな？

❷ ❶で、ゆいさんたちが話し合った内ようのポスターを作ります。

話し合いの内ようをもとに作ったよ。

〈ポスター〉

ここには、君のための本がある

ここにキャッチコピーを書こう！

上町《かみまち》小学校
校内読書週間　11月5日～19日

オ

(1) 次《つぎ》のア～エから、キャッチコピーとして合っているものをえらび、〈ポスター〉の□にキャッチコピーを書きましょう。

ア　読書でひらく、君の未来《みらい》！
イ　ここには、君のための本がある
ウ　読み聞かせは、心を温《あたた》める
エ　世界《せかい》を広げる、読書のとびら

(2) 〈ポスター〉のオに合う絵を次からえらんで、□に○を書きましょう。

○ 

□ 

ゆいさんたちが話し合って決《き》めたのは、？

77　76

「動物《どうぶつ》が楽しそうに本を読んでいるところがいいんじゃないかな。」と言っているね。

78・79ページ

手紙では、自分の気持《きも》ちをつたえることが大事《だいじ》だよ。ひろみさんは「ぜひ見に来てください。」と書いているね。さらに、「お会いできるのを楽しみにしています。」とくわえてもいいよ。

38 しょう待《たい》する手紙を書く

運動会や発表会などにしょう待する手紙の書き方

見に来てほしい人にわかりやすく、ひつようなことがつたわるように、手紙に書く内ようを考えましょう。

何を知らせたらいいかな？

だれに、何をつたえるかを決めて、次《つぎ》のような内ようで〈手紙のメモ〉を作ります。

〈はるとさんの手紙のメモ〉

だれに（相手《あいて》）	おじいさんとおばあさん（大川《おおかわ》けんいち、大川春子《はるこ》）
行事《ぎょうじ》	音楽会
いつ（日時）	十月八日（土曜日）午前九時から十二時
どこで（場所《ばしょ》）	上町《かみまち》小学校体育館《たいいくかん》
自分がすること	合そうと合しょう
気持《きも》ち	友だちとたくさん練習《れんしゅう》したので、見に来てほしい。

はるとさんが、メモをもとに書いた手紙を見てみよう！

（はじめのあいさつ）おじいさん、おばあさん、お元気ですか。ぼくは元気です。

（行事）今度《こんど》、ぼくの通う小学校で音楽会が開《ひら》かれますので、ごあん内します。

（日時）日時　十月八日（土曜日）　午前九時から十二時まで

（場所）場所　上町小学校の体育館

（自分がすること）ぼくは、リコーダーの合そうと、「春の小川」「エーデルワイス」の二曲《きょく》を合しょうします。

毎日、友だちとたくさん練習しています。

（気持ち）ぜひ、見に来てください。

（書いた日）九月二十三日

（自分の名前）木本《きもと》　はると

（相手の名前）大川けんいち様《さま》、大川春子様

手紙は、ていねいな言葉《ことば》を使《つか》って、読みやすい字でていねいに書こう！

❶ 次の〈ひろみさんの手紙のメモ〉を見て、〈ひろみさんの手紙〉の（　）に合う言葉を書きましょう。

〈ひろみさんの手紙のメモ〉

相手	いつも通学路でゆうどうしてくれる、高山《たかやま》けい子さん
行事	運動会
いつ（日時）	十月十五日（土曜日）午前九時から十二時まで
どこで（場所）	朝日《あさひ》小学校グラウンド
自分がすること	五十メートル走、大玉送《おく》り、ダンス
気持ち	どれも力いっぱいがんばるので、ぜひ見に来てほしい。

〈ひろみさんの手紙〉

（はじめのあいさつ）高山さん、こんにちは。家の前の通学路で、いつもゆうどうしてもらっている、内村《うちむら》ひろみです。

（行事）今度、わたしが通う小学校で（運動会）がありますので、ごあん内します。

（日時）日時（十月十五日（土曜日）午前九時から十二時まで）

（場所）場所（朝日小学校グラウンド）

（自分がすること）わたしは、五十メートル走と、（大玉送り）、ダンスに出ます。

毎日、友だちと練習しています。どれも力いっぱいがんばるので、

（気持ち）（ぜひ見に来てください）。

（書いた日）九月二十六日

（自分の名前）内村　ひろみ

（相手の名前）（高山けい子）様

78

行事《ぎょうじ》や会にしょう待《たい》するときは，日時と場所《ばしょ》をわすれないで書こう。手紙に地図をそえて送《おく》ると，より親切だね。

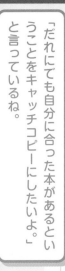

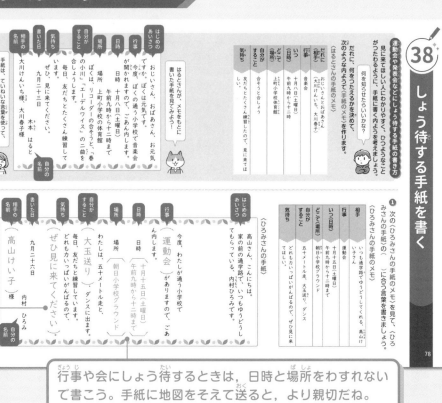

80・81ページ

39 お礼《れい》の手紙を書く

お礼の気持ちをつたえる手紙の書き方

手紙は、「だれに」「何をつたえたいか」によって、書く内ようや言葉《ことば》づかいがかわります。

〈お礼の手紙の組み立て〉

はじめのあいさつ	・きせつの言葉 ・自こしょうかい
本文（つたえたいこと）	・何に感《かん》しゃしているか
むすびのあいさつ	・感しゃの気持ち
後づけ	・書いた日 ・自分の名前 ・相手《あいて》の名前

お礼の手紙も、メモにしてから書くと書きやすいよ。

新緑がきれいなきせつになりました。南けいさつしょのみなさまは、お元気でしょうか。

ぼくは、先日南けいさつしょを見学させていただいた、南町《みなみまち》小学校の青山《あおやま》しゅんたです。

ふだんは見ることのできない仕事《しごと》の様子《ようす》をしょうかいしていただき、とても勉強《べんきょう》になりました。

みなさまが、わたしたちの生活の安全《あんぜん》のために、いろいろな仕事をしてくださっていることを知りました。

おいそがしい中、見学をさせていただき、ありがとうございました。

お体に気をつけて、これからもお仕事をがんばってください。

五月二十三日

南町小学校　青山　しゅんた

南けいさつしょ

林《はやし》だいすけ様《さま》

きせつの言葉／何に感しゃしているか／感しゃの気持ち／書いた日／相手の名前／自こしょうかい／自分の名前

ていねいな言葉で、感しゃの気持ちを書いているね！

❶ 次《つぎ》の〈なつみさんの手紙のメモ〉を見て、〈なつみさんの手紙〉の（　）に合う言葉を書きましょう。うすい字はなぞりましょう。

なつみさんは、運動会《うんどうかい》を見に来てくれた、となりの家のおばさんに、お礼の手紙を書いたよ。

〈なつみさんの手紙のメモ〉

だれに	となりの家のおばさん（内田《うちだ》あけみ様）
はじめのあいさつ	・秋も深《ふか》まってきました。
本文	・先週の運動会に来てくれて、うれしかった。 ・わたしがリレーで走っているとき、おうえんしてくれたので、がんばれた。
むすびのあいさつ	・おいそがしい中、来てくださって、ありがとうございました。 ・寒《さむ》くなってきたので、お体に気をつけてください。

〈なつみさんの手紙〉

（秋も深まってきました）。お元気ですか。

わたしは、先週の運動会に内田さんをしょう待《たい》した、本町《ほんまち》小学校の坂本《さかもと》なつみです。

運動会に来てくださって、とても（うれしかったです）。リレーで走っていたときに、（おうえんしてくださったので）、がんばれました。

おいそがしい中、来てくださって、（ありがとうございました）。寒くなってきたので、お体に（気をつけてください）。

十月二十日

本町小学校　坂本　なつみ

内田あけみ様

きせつの言葉／自こしょうかい／本文（つたえたいこと）／むすびのあいさつ／後づけ

運動会に来てくれたことへの感しゃの気持ちがつたわる手紙になっているね！

「はじめのあいさつ」で、きせつの言葉《ことば》を使《つか》うときは、手紙を書いた月日に合った言葉をえらぶよ。

「～です。」「～ます。」など，ていねいな言葉を使おう。

「むすびのあいさつ」として、なつみさんは、感《かん》しゃと相手《あいて》のけんこうを気づかう言葉を書いているよ。

82・83ページ

40 暑《しょ》中《ちゅう》見まいや年がじょうを書く

暑中見まいの書き方

夏の暑《あつ》い時期《じき》に出す、「暑中見まい」というはがきがあります。

暑中見まいのはがきの書き方を見てみましょう。

〈はづきさんの暑中見まい〉

暑中お見まい申《もう》し上《あ》げます

毎日暑いですが、先生はお元気ですか。

わたしは、家族《かぞく》で母の実家《じっか》の福島《ふくしま》に遊《あそ》びに行きました。とても楽しかったです。

また、学校でお会いできるのを楽しみにしています。

八月五日

山下《やました》　はづき

暑中見まいのあいさつの言葉／つたえたいこと／書いた日／自分の名前

「あいさつの言葉」は、ほかの文章《ぶんしょう》よりも大きめに書こう！

❶ 次《つぎ》の、〈りおさんの暑中見まい〉の（　）に合う言葉を書きましょう。うすい字はなぞりましょう。

〈りおさんの暑中見まい〉

（暑中お見まい申し上げます）

（暑い日）がつづいていますが、おじいさんはお元気ですか。

今年の夏休みは、おじいさんの家に遊びに行けないので、こうしておたよりを出すことにしました。

くれぐれも、（お体に気をつけて）元気でおすごしください。

七月二十五日

村田《むらた》　りお

「暑中見まい」は、七月七日ごろから、八月七日ごろまでに出すよ。この期間《きかん》をすぎたら、「残暑《ざんしょ》見まい」になるので、気をつけよう！

「あいさつの言葉」は，ほかより大きく書けたかな。

残暑《ざんしょ》見まいのときは，ここに「残暑《ざんしょ》お見まい申《もう》し上《あ》げます」と書こう。

年がじょうの書き方

正月のあいさつで出すはがきは、「年がじょう」といいます。

年がじょうのはがきの書き方を見てみましょう。

〈なおとさんの年がじょう〉

明けましておめでとうございます

今年は、サッカーチームでレギュラーになって、し合《あい》にたくさん出られるようにがんばります。

今年もどうぞよろしくおねがいします。

令和《れいわ》六年　元旦《がんたん》

年がじょうのあいさつの言葉／つたえたいこと／むすびの言葉／年号

年がじょうは、ふつう正月前に書くけれど、とどくのは正月すぎなので、「今年《ことし》」と書こう。

❷ 次の、〈ゆうやさんの年がじょう〉の（　）に合う言葉を書きましょう。うすい字はなぞりましょう。

〈ゆうやさんの年がじょう〉

（明けましておめでとうございます）

（今年は）、水泳《すいえい》大会で入賞《にゅうしょう》できるようにがんばりたいと思っています。

今年もよろしくおねがいします。

令和六年（元旦（がんたん））

年がじょうには、その年の目ひょうや決意《けつい》、やってみたいことなどを書くよ。

はがきには、書いた事《こと》がらや、正月にかん係《けい》のある絵をかいてもいいね。

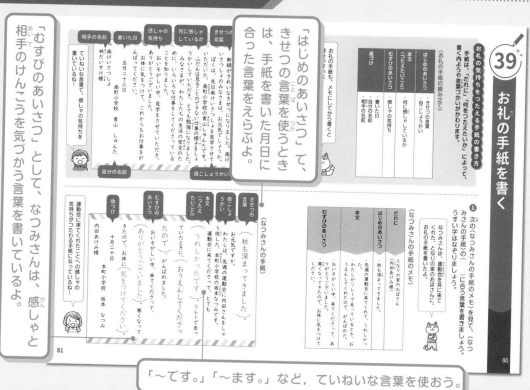

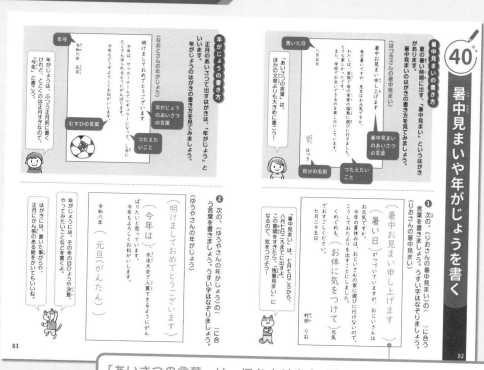

84・85ページ

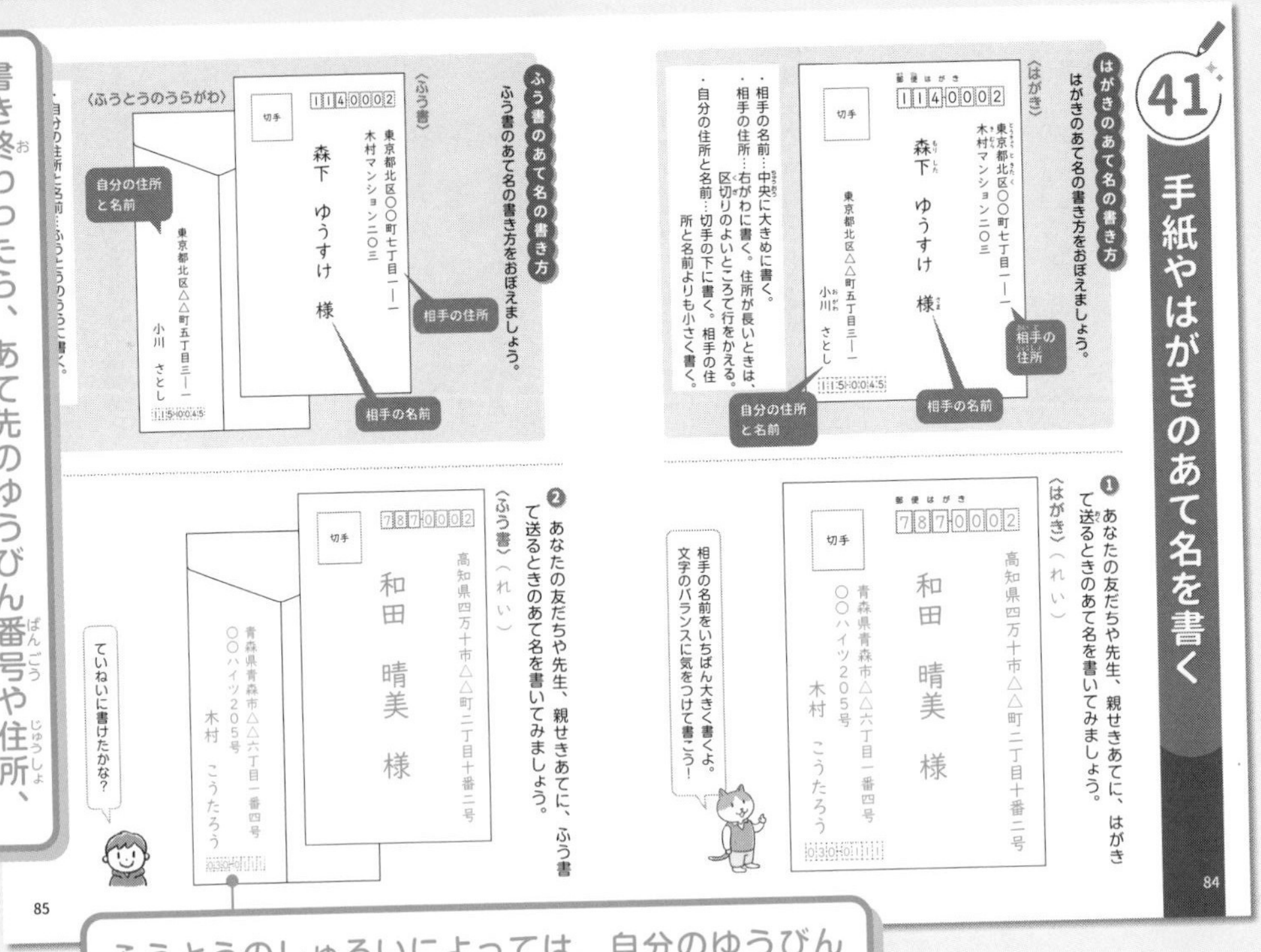

書き終《お》わったら、あて先のゆうびん番号《ばんごう》や住所《じゅうしょ》、名前が正しく、ていねいに書いてあるか、かくにんしよう。漢字《かんじ》のまちがいに気をつけよう。

ふうとうのしゅるいによっては，自分のゆうびん番号を住所と名前の上に書くこともあるよ。

86・87ページ

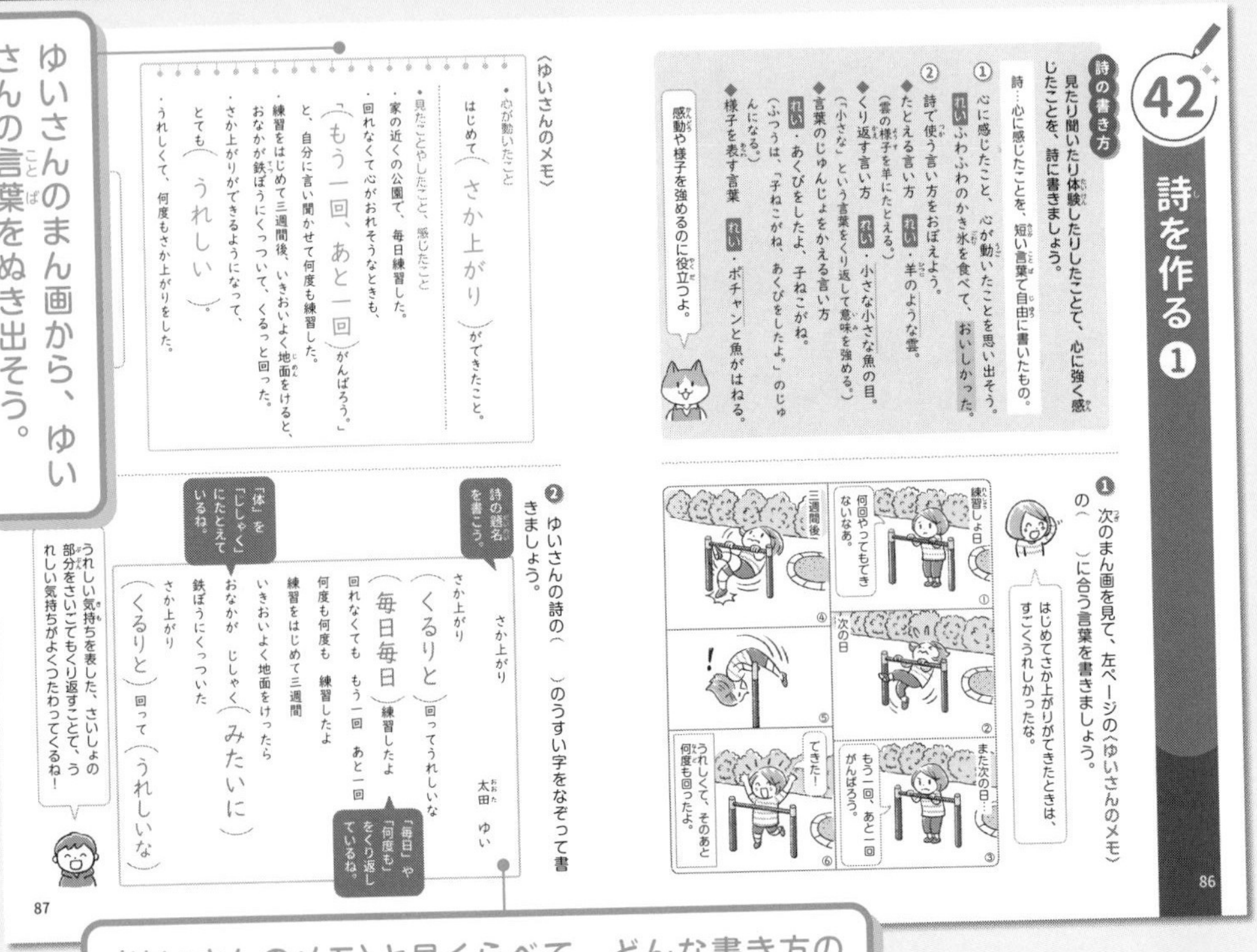

ゆいさんのまん画から、ゆいさんの言葉《ことば》をぬき出そう。

〈ゆいさんのメモ〉と見くらべて，どんな書き方のくふうをしているか，考えてみよう。

88・89ページ

書きたいことを決めたら、そのときの様子《ようす》（見た目・音・手でさわった感《かん》じ）や、自分の感じた気持《きも》ち、思いうかぶ言葉などをどんどん書き出していこう。

43 詩《し》を作る ②

メモを作る

❶ あなたが強く心に感《かん》じたことや、心が動《うご》いたことを、詩に書きましょう。

◆いろいろな気持《きも》ち
・うれしい　・かわいい　・おもしろい　・悲《かな》しい
・くやしい　・おどろいた　など

心に強く感じたことをよく思い出して、使《つか》いたい言葉《ことば》をメモに書き出してみよう。

〈メモのれい〉

・外で歩きながら、温《あたた》かい肉まんを食べた。
・皮《かわ》がふわふわ。
・湯気《ゆげ》がほわほわ。
・ほっぺみたい。
・食べると体がほかほか。
・幸《しあわ》せな気持ち。

・海岸《かいがん》で真《ま》っ赤《か》な夕日がしずむところを見た。
・波《なみ》が光って、きれいだった。
・少しずつ少しずつしずむ。
・しずんだあとも、なごりおしくて、水平線《すいへいせん》をずっとながめていた。

(1) あなたの〈メモ〉を作りましょう。

〈メモ〉（れい）

●心が動いたこと
せみの鳴き声を聞いたこと

●見たことやしたこと、感じたこと
・ミーンミンミンミン
・ジジジ　ジジジ
・せみの鳴き声が、どんどんふえていく。
・たくさんで鳴いているのが、合しょうしているみたいだ。
・せみの合しょうだん。
・一生けん命鳴いている。
・暑い夏に、鳴いている。
・せみの鳴き声を聞くと、暑い夏を思い出す。

短《みじか》い言葉や文で書こう。様子《ようす》を表《あらわ》す言葉やくり返《かえ》す言葉などを使ってみよう。

詩を書こう

(2) 右ページの〈メモ〉を見て、詩を書きましょう。

（れい）

題名《だいめい》を書こう

（せみの声）

（島田　しゅんと）

名前を書こう

ミーンミンミン　鳴いている
ジジジ　ジジジ　鳴いている
一ぴき　二ひきと　ふえていく
いつのまにか　みんなで　合しょうしている
まるで　せみの　合しょうだんだ
一生けん命　鳴いている
合しょうだんの　歌声に
ぼくは　暑い夏を感じた

メモに書いた言葉をならべかえたり、くり返したりして、いろいろとくふうしてみよう！

何かにたとえられないかどうかも，考えてみよう。
（れい）はせみの鳴き声を「合しょう」にたとえているよ。

あなたも、くふうして詩《し》を書いてみよう。
（れい）・様子を表《あらわ》す言葉…「ミーンミンミン」「ジジジ　ジジジ」
・くり返《かえ》す言い方…「鳴いている」という言葉のくり返し。

90・91ページ

ドリルの91ページの〈地図〉の絵を見て、あなたが読《よ》み取《と》れることを書きこもう。
（れい）の「たからさがし」などの答えは、ほかの言葉でもかまわないよ。

44 物語《ものがたり》を作る ①

物語の組み立て方

多くの物語は、次《つぎ》のような組み立てて書かれています。

はじめ	・登場人物《とうじょうじんぶつ》、時（時期《じき》や時こく）、場所《ばしょ》など
中	・出来事《できごと》① 事件《じけん》が起《お》こる→事件が解決《かいけつ》する ・出来事② 事件が起こる→事件が解決する …
終《お》わり	・出来事（事件）のけっか、どうなったか 物語のむすび

※中の「出来事」がいくつもくり返《かえ》されて、物語がつづく。

まず、物語の内ようをいろいろと想《そう》ぞうしてみよう。見たことのある絵や写真《しゃしん》、ドラマやえい画、ゲームなどから、想ぞうをふくらませてもいいよ。今回は、たからのありかをかいた地図を見ながら、ぼうけんをする物語を作ってみるよ。

主人公《しゅじんこう》は二人《ふたり》。地図を拾《ひろ》ったみたいだね。〈地図〉を見てみよう。

〈地図〉

動物園《どうぶつえん》のあん内図などを、ぼうけんする地図に見立てて想ぞうするのもいいよ。

❶ 〈地図〉を見ながら、次のような組み立てメモを作りました。後の問題《もんだい》に答えましょう。

〈組み立てメモ〉（れい）

はじめ
・[ア]と[イ]は、おさななじみのなかよし。
・ある日、拾った地図を手がかりに、（たからさがし）の旅《たび》に出る。

中（出来事①）
・川をわたるときに、（ワニ）に追《お》いかけられる。
←
・丸木橋《まるきばし》を走って、（向こう岸）までわたる。

中（出来事②）
・道に（大きなヘビ）がいて、先に進《すす》めない。
←
・木のつるにぶら下がって、ヘビの上をとびこえた。

（しょうりゃく）

終わり（むすび）
・どうくつの中で……

(1) [ア]と[イ]に入る登場人物の名前を考えて書きましょう。

〈ゆいさんが考えた名前〉
ア（ソラ）
イ（ウミ）

どんな名前にしようか、考えるのが楽しい！

〈あなたが考えた名前〉（れい）
ア（たける）　イ（そうや）

❷ 右ページの〈組み立てメモ〉の（　）に入る言葉《ことば》を、自由《じゆう》に考えて書きましょう。

名前は、どんな名前でもかまわないよ。二人《ふたり》がそれぞれどんなせいかくなのかなど、登《とう》場人物《じょうじんぶつ》の絵を見ながら、想《そう》ぞうをふくらませよう。

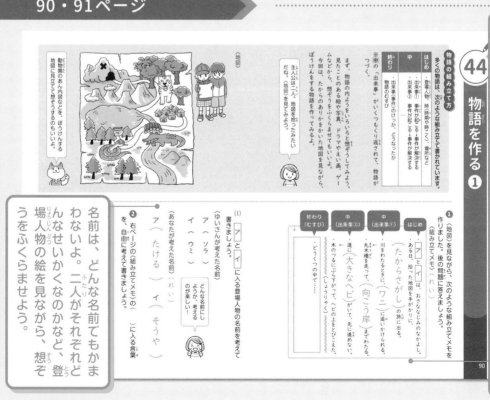

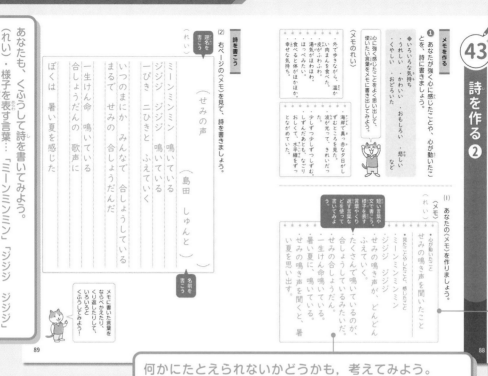

92・93ページ

二人《ふたり》がどうくつの中で何を見つけたのか、あなたの考えたむすびの場面《ばめん》を書いてみよう。さがしものが見つかったのか、そうではなかったのか、想《そう》ぞうをふくらませよう。

45 物語《ものがたり》を作る ②

❶ 90ページの〈組み立てメモ〉の終わりに入る部分《ぶぶん》を、自由《じゆう》に考えて書きましょう。

〈ゆいさんが考えたけつまつ〉
・どうくつの中でたから箱《ばこ》を見つける。
・たから箱の中には、またべつの地図が入っていた。
・それを手にして、二人《ふたり》は家に帰った。

〈あなたが考えたけつまつ〉（れい）
（・どうくつの中で、たからのかわりに、かがやく石を見つけた。
・山の神様だと思ったので、そのままにして、二人だけのひみつにすることにした。）

〈組み立てメモ〉の中とつながるように考えるよ。

〈ゆいさんのメモ〉

はじめ
・ソラとウミは、おさななじみのなかよし。
・ある日、拾《ひろ》った地図を手がかりに、たからさがしの旅《たび》に出る。

中（出来事《できごと》①）
・川をわたるときに、ワニに追《お》いかけられる。
↓
・丸木橋《まるきばし》を走って、なんとか向《む》こう岸《ぎし》までわたる。

中（出来事②）
・道に大きなヘビがいて、先に進《すす》めない。
↓
・木のつるにぶら下がって、ヘビの上をとびこえた。

（しょうりゃく）

終わり
・どうくつの中でたから箱を見つける。
・たから箱の中には、またべつの地図が入っていた。それを手にして、二人は家に帰った。

92

物語を書く

❷ 右ページの〈ゆいさんのメモ〉を見て、〈ゆいさんの物語〉の（　）に合う言葉《ことば》を書きましょう。うすい字はなぞりましょう。

はじめ→中→終わりのじゅんに、物語がつながるように書いたんだね！

〈ゆいさんの物語〉

はじめ
おさななじみの（ソラ）と（ウミ）は、拾った地図を手がかりに、（たからさがし）の旅に出ました。

中
二人は村を出て、（まず）、川にやってきました。川をわたろうとすると、どうもうなワニが追いかけてきました。そこで、丸木橋を全速力《ぜんそくりょく》で走ってなんとか向こう岸へ（わたりました）。
さらに道を歩いていくと、今度は道の真《ま》ん中《なか》に大きなヘビがいて、（先に進めません）。そこで、木のつるにぶら下がって、ヘビの頭の上をとびこえることにしました。

（しょうりゃく）

終わり
（こうして）二人は、どうくつの中でたから箱を（見つけました）。箱の中には、またべつの地図が入っていました。それを手にして、二人は（家に帰りました）。

次《つぎ》のページで、あなたも物語を

ゆいさんは、「～です。」「～ます。」というていねいな言い方で物語《ものがたり》を書いているね。だから、（　）に言葉《ことば》を書きこむときは、ていねいな言い方に直して書こう。

94・95ページ

はじめから終《お》わり(むすび)まで、あなたの物語を組み立てよう。出来事《できごと》(事件《じけん》が起《お》こる→事件が解決《かいけつ》する)をくり返《かえ》して物語が進《すす》むように、考えてみるよ。今回は、中で二つの出来事を書いてみよう。

46 物語《ものがたり》を作る ③

❶ あなたの考えた物語を、〈組み立てメモ〉にまとめましょう。（れい）

〈組み立てメモ〉

はじめ　91ページの❶(1)を書こう。
・登場人物《とうじょうじんぶつ》（たける）と（そうや）
・地図を拾《ひろ》って、たからさがしの旅《たび》に出る。

中　91ページの〈地図〉を見て考えよう。
・事件《じけん》が起《お》こる
↓
・事件が解決《かいけつ》する

・出来事《できごと》①
（・川をわたろうとすると大きなワニがあらわれ、「おい人間、どこへ行く。この先にたからなんかないぞ。」と言う。
・そうやは地図をこっそりかくして、「この先の林で、きのこをとるんだよ。」とごまかした。）

・出来事②
（・林をぬけようとすると大きなヘビがあらわれ、「おい人間、どこへ行く。この先にたからなんかないぞ。」と言う。
・たけるはそうやの顔をちらっと見て、「この先の湖で、魚をつるんだよ。」とごまかした。）

（しょうりゃく）

終《お》わり　92ページの❶を書こう。
・どうくつの中で（たからのかわりに、かがやく石を見つけた。）
・（山の神様だと思ったので、そのままにして、二人だけのひみつにすることにした。）

94

❷ ❶の〈組み立てメモ〉を見て、物語を書きます。（　）に合う言葉《ことば》を書きましょう。（れい）

はじめ
おさななじみの（たける）と（そうや）は、ある日、拾った地図を手がかりに、たからさがしの旅に出ました。

中
（**まず**、二人が川をわたろうとすると、大きなワニが橋をふさぎました。
「おい人間、どこへ行く。この先に、たからなんかないぞ。」
そうやは、地図をとっさにかくして、
「この先の林で、きのこをとるんだよ。」
と、ごまかしました。ワニは、しぶしぶ橋からおりて道をゆずりました。）

（**次《つぎ》に**、二人が林をぬけようとすると、大きなヘビが道をふさぎました。
「おい人間、どこへいく。この先に、たからなんかないぞ。」
たけるは、そうやの顔をちらっと見て、
「この先の湖で、魚をつるんだよ。」
と、ごまかしました。）

（しょうりゃく）

終わり
（**こうして**、**二人はどうくつの中で**、たからのかわりにかがやく石を見つけました。動物たちはこの石を守っていたのです。これは山の神様なんだ、と思った二人は、石をそのままにして、二人だけのひみつにすることにしました。）

95

想ぞうがふくらんで、長いぼうけんになりそうだったら、べつの紙やノートにつづきを書いてみよう。

(れい)の物語には，登場人物《とうじょうじんぶつ》の会話があるね。会話はかぎ(「　」)をつけて行をかえて書こう。ドリルの96ページも見ておこう。

2402R2

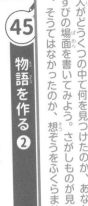